BuddhAll

BuddhAll.

All is Buddha.

BuddhAll

佛教的真言咒語

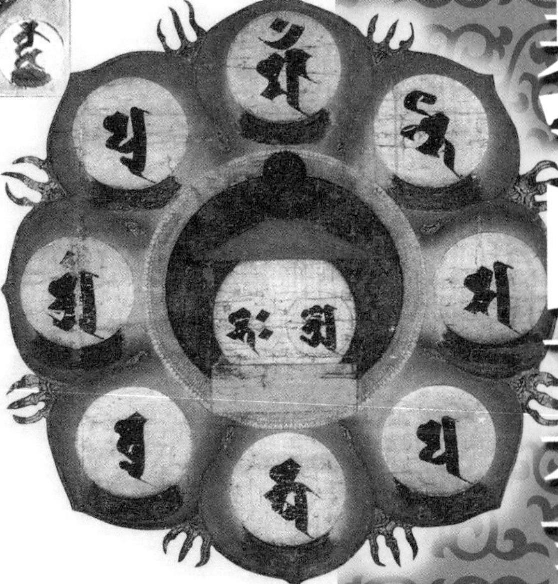

真言咒語在密教的修法中居於重要的核心地位，持誦真言咒語，能使我們身心統一，完整受持諸佛、菩薩本尊無量的密義，體悟一切本尊的心要，照破煩惱迷暗，消除一切災障過患。

本書詳列常見的本尊及經典真言之梵語、漢文音譯、羅馬拼音及意義，是最佳的隨身真言手冊！

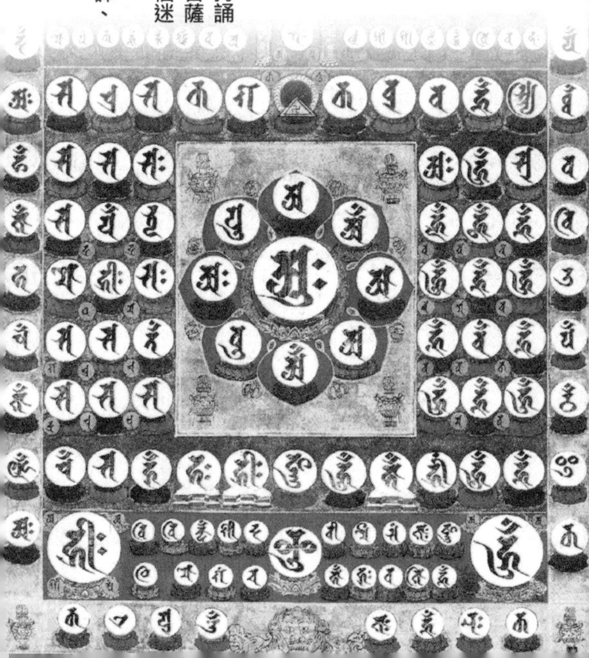

目錄

第2篇 諸尊真言

第一章 佛部真言……046

第四章 觀音部真言……131

第3篇 諸經陀羅尼

出版緣起

佛法的深妙智慧，是人類生命中最閃亮的明燈，不只在我們困頓、苦難時，能撫慰我們的傷痛；更在我們幽暗、徘徊不決時，導引我們走向幸福、光明與喜樂。

佛法不只帶給我們心靈中最深層的安定穩實，更增長我們無盡的智慧，來覺悟生命的實相，達到究竟圓滿的正覺解脫。而在緊張忙碌、壓力漸大的現代世界中，讓我們的心靈，更加地寬柔、敦厚而有力，讓我們具有著無比溫柔的悲憫。

在進入二十一世紀的前夕，我們需要讓身心具有更雄渾廣大的力量，來接受未來的衝擊，並體受更多彩的人生。而面對如此快速遷化且多元無常的世間，我們也必須擁有十倍速乃至百倍速的決斷力及智慧，才能洞察實相。

同時，在人際關係與界面的虛擬化與電子化過程當中，我們更必須擁有更廣大的心靈空間，來使我們的生命不被物質化、虛擬化、電子化。因此，在大步邁向新世紀之時，如何讓自己的心靈具有強大的覺性、自在寬坦，並擁有更深廣的慈悲能力，將是人類重要的課題。

生命是如此珍貴而難得，由於我們的存在，所以能夠具足喜樂、幸福，因自覺解脫而能離苦得樂，更能如同佛陀一般，擁有無上的智慧與慈悲。這種菩提種子的苗芽，是生命走向圓滿的原力，在邁入二十一世紀時，我們必須更加的充實。

因此，如何增長大眾無上菩提的原力，是〈全佛〉出版佛書的根本思惟。所以，我們一直擘畫最切合大眾及時代因緣的出版品，期盼讓所有人得到真正的菩提利益，以完成〈全佛〉（一切眾生圓滿成佛）的究竟心願。

《佛教小百科》就是在這樣的心願中，所規劃提出的一套叢書，我們希望透過這一套書，能讓大眾正確的理解佛法、歡喜佛法、修行佛法、圓滿佛法，讓所有的人透過正確的觀察體悟，使生命更加的光明幸福，並圓滿無上的菩提。

因此，《佛教小百科》是想要完成介紹佛法全貌的拚圖，透過系統性的分門別類，把一般人最有興趣、最重要的佛法課題，完整的編纂出來。我們希望讓《佛教小百科》成爲人手一册的隨身參考書，正確而完整的描繪出佛法智慧的全相，並提煉出無上菩提的願景。

佛法的名相眾多，而意義又深微奧密。因此，佛法雖然擁有無盡的智慧寶藏，對人生深具啟發與妙用，但許多人往往困於佛教的名相與博大的系統，而難以受用其中的珍寶。

其實，所有對佛教有興趣的人，都時常碰到上述的這些問題，而我們在學佛的過程中，也不例外。因此，我們希望《佛教小百科》，不僅能幫助大眾了解佛法的名詞及要義，並且能夠隨讀隨用。

《佛教小百科》這一系列的書籍，期望能讓大眾輕鬆自在並有系統的掌握佛教的知識及要義。透過《佛教小百科》，我們如同掌握到進入佛法門徑鑰匙，得以一窺佛法廣大的深奧。

《佛教小百科》系列將導引大家，去了解佛菩薩的世界，探索佛菩薩的外相、內義，佛教曼荼羅的奧祕，佛菩薩的真言、手印、持物，佛教的法具、宇宙觀……等等，這一切與佛教相關的命題，都是我們依次編纂的主題。透過每一個主題，我們將宛如打開一個個窗口一般，可以探索佛教的真相及妙義。

而這些重要、有趣的主題，將依次清楚、正確的編纂而出，讓大家能輕鬆的了解其意義。

在佛菩薩的智慧導引下，全佛編輯部將全心全力的編纂這一套《佛教小百科》系列叢書，讓這套叢書能成爲大家身邊最有效的佛教實用參考手册，幫助大家深入佛法的深層智慧，歡喜活用生命的寶藏。

佛教的真言咒語——序

真言（梵名 mantra 曼怛羅）在密教的修法中，有著核心的地位。事實上，離開了真言，密教的秘密事相，就無法成立了。但是曼怛羅這個辭彙，並非密教所特有的，而是印度文化自古以來即具有的，是承襲古代婆羅門所使用的辭彙，再賦予佛法的內義，而使之昇華。

在佛教的經典中，除了真言之外，相關性的語詞另有陀羅尼、咒、明咒、密咒及神咒等。這些相關的名稱，雖然相異，但是所指設的對象則大約相同，僅是在名詞的著重點，稍有差異而已。

所以，不空三藏在《總釋陀羅尼義讚》中說：「或有一字真言，乃至二字、三字，乃至百字、千字、萬字，復過此數，乃至無量無邊，皆名陀羅尼、真言、密言、明。」

因此，由宣如來真實密境，直顯如來身、語、意三密中的語密，並顯示如來的言語為真實契理，全無虛妄，所以稱之為真言。而真言能照破無明迷暗，使修行者能證得圓明清淨，所以稱為明或明咒。又當誦持真言明咒，能使我們身心一如，能總攝無量的密義；而真言不管其字數多寡，皆能總持無盡教法義理，所以稱為陀羅尼。由持誦真言，能引發悲、智、神通及各種禪定三摩地，消除災患，所以稱為咒或神咒。

由此可知世俗間以為真言是指密咒中較短的語句，而陀羅尼是指像佛頂尊勝陀羅尼、或寶篋印陀羅尼等長咒。其實是一種誤解，真言等這些語辭，在本質上並無差別。

真言在形式上可分為大咒、中咒及小咒等三種。大咒又稱為根本陀羅尼、根本咒或大心咒。是將本尊的內證本誓功德，加以詳細解明實說的真言陀羅尼。

而中咒又稱為心真言、心祕密咒或心咒。是實說根本陀羅尼心要的真言。這種真言是顯示這位本尊內證秘密境界的真實精要。

小咒又稱爲隨心真言或心中心咒。這種真言乃是從本尊內證本誓的真言中，再提出核心的祕奧所成的真言。

除此之外，本尊大都有其核心精要的種子字，這種子字，也可做爲真言誦持，或種子字前加上皈命語句，稱爲「一字咒」。因此任何本尊的種子字，都可以稱爲一字咒。

真言密咒在密法的修持上，有著如此重要的地位，因此爲了使所有的讀者，能夠掌握本尊的真言、正確的讀音及內義，所以編纂了此書。期使讀者能迅速而正確的修習諸位本尊的真言，並體悟一切本尊的心要。

在本書中，我們除了完整的解明真言密咒的內義、起源發展及種類之外，並選擇重要的諸佛、菩薩、明王、諸天護法及重要的經典真言陀羅尼。除了簡略介紹這些本尊之外，並完整呈現這些真言的梵語、漢語音譯、羅馬拼音及真言的意義，宛如一本真言的萬用手册，讓所有受持者能迅速掌握這些真言的正確讀音及意義，得到廣大的修證利益。本書是所有對真言有興趣的讀者，最理想的隨身真言手册，希望大眾都能應用如意，得到真言的究竟利益，圓滿一切真言悉地。

凡例

一、本書中的真言咒語的蒐錄，以一般常見諸尊及經咒爲主，除有中文譯音外，特將梵字、梵字拼音及咒文解釋一併列出，並以①、②……等數字標出，以方便讀者對照參考，期正確掌握真言心髓。

二、本書中咒語之中文譯音一律以楷體字表示，以便讀者辨識。

三、在梵字羅馬拼音部分，每行行末之尾字，若未結束，則以＝連結。

四、若原經文梵字部分缺失，或原真言之意譯不明，則在梵字、梵字拼音及解釋部分以——來表示。

五、本書所列之真言，雖然其本有據，但由於原經版本及譯本之不同，彼此間或有差異之處。因此，在編輯過程中，梵字、羅馬拼音及中文解釋部分，參校了各種不同經文版本，與現代之研究著述，以期求取最適切之內容，但是由於資料繁複萬端，或有疏略之處，敬請內學碩彥多所指正，俾臻圓滿。

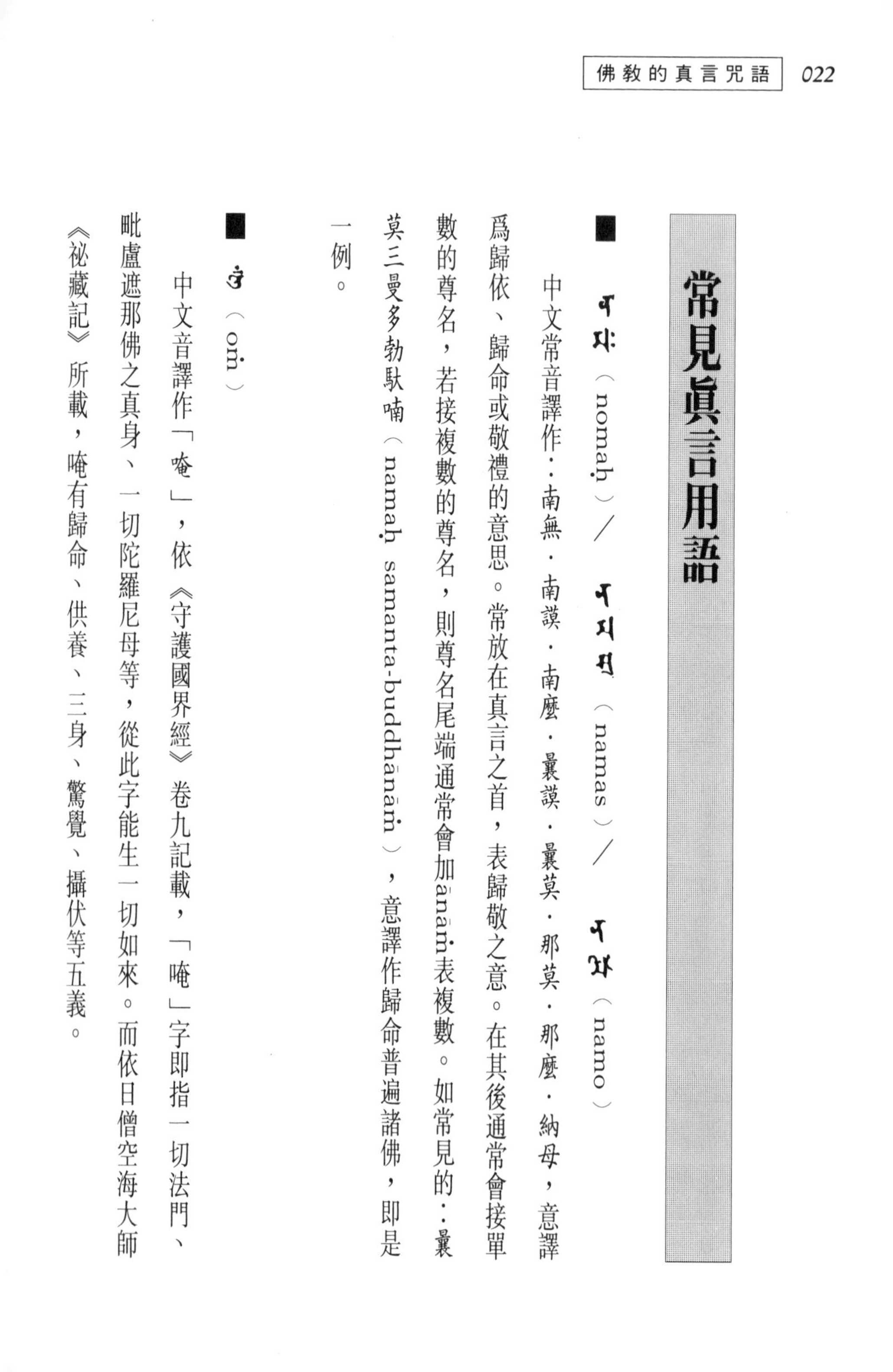

常見眞言用語

■（nomaḥ）／（namas）／（namo）

中文常音譯作：南無．南謨．南麼．曩謨．曩莫．那莫．那麼．納母，意譯爲歸依、歸命或敬禮的意思。常放在真言之首，表歸敬之意。在其後通常會接單數的尊名，若接複數的尊名，則尊名尾端通常會加ānāṁ表複數。如常見的：曩莫三曼多勃馱喃（namaḥ samanta-buddhānāṁ），意譯作歸命普遍諸佛，即是一例。

■（oṁ）

中文音譯作「唵」，依《守護國界經》卷九記載，「唵」字即指一切法門、毗盧遮那佛之真身、一切陀羅尼母等，從此字能生一切如來。而依日僧空海大師《祕藏記》所載，唵有歸命、供養、三身、驚覺、攝伏等五義。

（svāhā）

中文常音譯作：娑嚩賀．娑嚩訶．薩婆訶．娑縛訶．莎訶．莎呵．僧莎訶．僧莎呵．娑婆訶，意譯作究竟、圓滿、成就、吉祥、息災、憶念之意。多置於真言密咒結尾，爲吉祥祈請用語。亦是古來印度在供神時，祈求幸福、吉祥所唱念之讚歎語。

（tad-yathā）

中文常音譯作怛爾野他、多經他，意有如此、猶如、所謂、即說之義。常用於真言之初，其後則往往接續真言的中心。

（traṭ）

中文音譯作怛羅吒，是擬聲語，代表火焰燃燒時發出的聲音，象徵焰火熾燃的情景，通常用於調伏法的真言末尾，有摧滅之意。

■ 𑖮𑖳𑖽（hūṃ）

中文音譯作吽，原本是威嚇、忿怒等的擬聲語，依日僧空海大師所著的《吽字義》舉出，此字有擁護、自在能破、能滿願、大力、恐怖、等觀歡喜等諸義。

第1篇

緒論

第一章 眞言咒語的意義

眞言咒語的眞實相貌

「諸佛甚希有，　權智不思議；
離一切戲論，　諸佛自然智；
而爲世間說，　滿足眾希願；
真言相如是，　常依於二諦。」
《大日經》卷二

這是在《大日經》〈入曼荼羅具緣真言品〉中，具德的執金剛菩薩在佛前所說的偈言，由此可知，依據《大日經》的觀點看來，所謂的真言是諸佛以不可思議的權巧智慧，從離一切戲論的自然智，爲了滿足眾生一切的希願，依於真、俗二諦的妙詮，而爲世間宣說的。這也正是真言的真實相貌。

在此，我們也可以體會到在《大日經》卷七最後，在總結密法的實義時所說：「

甚深無相法，劣慧所不堪；
爲應彼等故，兼存有相說。」

因此一切具相的教法，都是讓眾生趣入究竟無相法身的方便。而這也是佛陀二諦說法的本旨，同時也是龍樹菩薩在《中論》中所說：「

諸佛依二諦，爲眾生說法；
一以世俗諦，二第一義諦。
若人不能知，分別於二諦；
則於深佛法，不知其實義。

若不依俗諦，不得第一義；

不得第一義，則不得涅槃。」

我們依此理解，如果說用音聲字義等，作爲表達言說的真言外相是俗諦，而諸佛所體證究竟的真言密義是實相第一義諦，那麼透過俗諦的持誦真言，而趣入實相第一義諦的諸佛內證真言密義，是十分如理的。

也因此在《大日經》同上的〈具緣真言品〉中，佛陀會以偈頌告訴執金剛祕密主說：「

真言三昧門，圓滿一切願；

所謂諸如來，不可思議果。

具足衆聖願，真言決定義；

超越於三世，無垢同虛空。」

因此，在真言三昧門中，具有能圓滿一切願，及具足如來不可思議勝果的威力，能使一切願滿圓證無上的佛果。

真言，梵語 mantra 的音譯爲曼怛羅或曼荼羅。又稱爲陀羅尼、咒、明、神咒、密言、密語、密號，即真實而無虛假之語言之意。

在《大日經疏》卷一中說：「真言梵曰漫怛攞，即是真語、如語、不忘不異之音。」

在密教中，真言相當於身、語、意三密中的語密，而稱爲「真言秘密」。真言有時也是指佛、菩薩、諸天等的本誓之德，或其別名；有時則指含有深奧教法的祕密語句，而爲凡夫二乘所不能了知者。

在我國一般而言對真言均不加以翻譯，而直接運用其原語的音譯，認爲唸唱或書寫、觀想其文字，即能具有與真言相應的功德，所以真言不僅可以得證開悟而即身成佛，而且也能滿足世間之願望。例如，《不空羂索毗盧遮那佛大灌頂光真言經》所説的〈光明真言〉，即可使聞者滅除所有的罪障；而且如果念誦〈光明真言〉，加持於土砂，將土砂撒於死者或其墓上，則可藉此加持力量，滅除亡者的罪業，而使亡者得以往生西方極樂世界。

眞言咒語的種種異稱

真言（曼怛羅）一詞的起源本來代表思惟的工具，也就是文字、語言之意，特別是指對神、鬼等所發出的神聖語句。而唱誦曼怛羅的風氣，印度自古以來即非常盛行，這可由《吠陀經》中觀察到。但是在曼怛羅文學中，曼怛羅則解釋爲思惟解放之意；亦即自生死的束縛中，解放人類的思惟。

由此可知曼怛羅這個辭彙並不是密教所特有的，而是承襲古代婆羅門教所用的辭彙。

曼怛羅有時也譯作「咒」，指真言密咒。又稱神咒、密咒或咒文。原作「祝」。此時即是爲了息災、增益等目的而誦的密語。而與mantra類似的梵語詞彙，另有vidyā與dhāranī等詞。如，在梵文《般若波羅蜜多心經》及梵文《入楞伽經》卷八〈陀羅尼品〉中，相當於漢譯「咒」字的梵語即爲「mantra」。但《孔雀咒王經》之經題爲Mahāmayurī-vidyā-rājnī，即是將vidyā譯爲咒。

《善見律毗婆沙》卷十一則將巴利語之vijjāmayā譯爲咒。而在如《法華經》卷七〈陀羅尼品〉等經中，則翻陀羅尼（dhāraṇī）爲咒。其中，「陀羅尼」爲「總持」之義。梵語vidyā（巴vijjā）是「明」或「術」之義。「曼怛羅」則可譯爲「真言」。各詞之語義雖不相同，但古來多相混用。《翻譯名義大集》則將陀羅尼譯爲總持咒，vidyā譯爲明咒，曼怛羅譯作密咒，以區別此三者。

當然，對於這些名相的混同，有些人也不同意，如唐一行禪師在其名著《大毗盧遮那成佛經疏》卷一中說：「真言梵曰漫怛攞，即是真語、如語、不忘不異之音。龍樹釋論：謂之秘密號。舊譯云咒，非正翻也。」

在此一行認爲翻譯爲咒，並不是真言的正確翻譯。

在佛教的經典之中，曾述及了真言、陀羅尼、明咒、咒、神咒等辭彙。對於這些辭彙的意義。現在加以簡單的分解說明：

㈠真言（mantra）：

這主要在彰顯大日如來身、語、意三密中語密。由於如來的言語真實契理，一切全無虛妄，因此被稱爲真言。在《釋摩訶衍論》之中，將真言配屬在五種言說中的第五如意言說。換言之，真言就是象徵諸法實相的秘號語言。

在《總持陀羅尼義讚》中詮釋真言的四義而說到：「真者，真如相應；言者，真詮義。四義者：法真言，清淨法界以爲真言；義真言者，勝義相應，一一字中有實相義；三摩地真言者，由瑜伽者用此真言，於心鏡智月輪上布列真言文字，專注心不散動，速疾證三摩地故名三摩地真言；文持真言者，從唵字至娑嚩賀，於其中間所有文字，一一字皆名爲真言。」

因此，「真」代表真如實相的體性，而「言」代表真實的詮釋之義。而「真言四義」是法真言、義真言、三摩地真言及文持真言。

其中，「法真言」是以清淨法界爲真言，因此一切清淨現成的法界都是真言。「義真言」是與勝義第一義諦相應之義，而一一文字中都有實相之義，因此如果體悟究竟的實相，一字一言都是勝義的真言。「三摩地真言」是瑜伽行者運用這些真言，在自己心鏡中智慧月輪上，布列真言文字，並專注心念而不散動，能速疾證得三摩地，所以名爲三摩地真言。而「文持真言」，則代表我們一般所見到的真言。一般的真言，起始字多數是使用「唵」（皈命義）字，有時是用「南無」；而最後多使用「娑嚩賀」（圓滿義），其中間則臚列各種真言。因此說從起始到終了的這些文字，都是真言。

由此可以看出，真言在密法中的意義，已擴大到現前的清淨法界及一切勝義，並涉入了意密觀想，而原本所稱的真言，則僅是指第四義的文持真言。

⑵陀羅尼（dhāraṇī）：

陀羅尼，義譯爲總持、能遮。即能總攝憶持無量佛法而不忘失的念慧之力，亦指能令善法不散失，令惡法不生起的作用。在後世則多指長咒而言。

梵語dhāraṇī，是依據「持」義的語根所形成的名詞，意爲能總攝憶持。因此依《大智度論》卷五所說：「何以名陀羅尼？云何陀羅尼？答曰：陀羅尼，秦言能持，或言能遮。能持者，集種種善法，能持令不散不失。譬如完器盛水，水不漏散。能遮者，惡不善根心生，能遮令不生；若欲作惡罪，持令不作，是名陀羅尼。」

此外在真言中的一字、二字或數字，不論字數多寡，每一字都能總攝任持無量教法義理，持誦者能藉以消除一切障礙，得到無邊利益。由於有此功能，故有此名。

所以一行說：「真言難思議，觀誦無明除；一字含千里，即身證法如。」即是此義。

而根據《佛地經論》卷五中所述，可知陀羅尼是一種記憶法，即於一法之中，持一切法；於一文之中，持一切文；於一義之中，持一切義；依記憶此一法、一文、一義，而總持無量佛法。

此外，在經論中，言及陀羅尼時，有二種用法。其一是指智慧或三昧；即以慧為體，攝持所聞所觀的佛法，使不散失。其二是指真言密語（明咒），即明咒中的一字一句，具有無量的義理，如果持誦之，則能除去一切障礙，利益極為廣大，所以名為陀羅尼。此外，另外一種說法即謂咒語中具有長句者為陀羅尼，短句者為真言。

(3)明咒（vidyā）：

明（梵語 vidyā）為「無明」的對稱。即灼照明視，本指破除愚闇、通達諦理的聖慧。音譯作苾馱。在《中阿含》卷五十六〈羅摩經〉中說：「五比丘，捨此二邊有取中道，成明，成智，成就於定而得自在，趣智，趣覺，趣於涅槃，謂八正道。」在此指稱佛陀最初的弟子五比丘，成就明、智、定而得自在，並以八正道趣於智、覺與涅槃。這裏的明即指的是通達諦理的聖慧。

梵語 vidyā是由語根 vid（表知之義）轉得的名詞，意味爲知識或學問。因此印度將諸科學藝類別爲聲明等五明（pañca-vidyāḥ），而真言等則有除癡闇、拂障難的功用，是超越凡慮之如來不思議智的結晶，自體清淨圓明，因此持誦者悉能消除無明煩惱之闇昧，使身心皆得圓明清淨，所以亦稱爲明。

如《大毗婆沙論》卷二謂世間之明有支明、事明、獸明、禽明、瞿臘毗明、剎尼迦明、健馱梨明、烏明、孔雀明、象鉤明、咒龍蛇明、火明、水明、迷亂明等諸種咒論。此外，佛陀圓滿具足三明及身口行業，所以十號中有「明行足」的名號；大乘菩薩在十地中的第三發光地，顯發淨明的智慧，所以也稱爲「明地」；初地以上的菩薩觀察三世諸法的實相，其心明了，因此稱其所悟的菩提爲「明心菩提」。

而在《大毗盧遮那成佛經疏》卷十二中，區別明與真言說：「復說一切三世無礙力者，三世無有能破壞者，此明力如是也，破除一切無明煩惱之闇故，名之爲明。然明及真言義有差別，若心口出者名真言，從一切身分任運生者，名之爲明也。」

在此認爲明力是一切三世無礙的力量，是過去、現在、未來三世中無有能破壞者。明力因爲能破除一切無明煩惱的黑闇，所以稱爲明。但是明與真言雖然在體性上相同，即是真如實相的光明威力，但由心生起口中發出的是真言，而從其他一切身體的支分、動作任運而出生的光明力量，則稱之爲明。這也是一種分別的方法。

(4)咒、神咒：

由於持誦真言者能引發神通、消除災患，與世俗咒禁法的神驗略有相似之處，所以有此名稱。

在《法華經文句》卷十（下）〈釋陀羅尼品〉下廣解咒義說：「眾經開遮不同，或專用治病，如那達居士；或專護法，如此文；或專用滅罪，如方等；或通用治病滅罪護經，如請觀音；或大明咒、無上明咒、無等等明咒，則非治病、非滅罪、非護經；若通方者亦應兼；若論別者幸須依經，勿乖教云云。」

在此智者大師將咒依運用方法的不同而加以分類。有些是以治病、或是護法、滅罪，或是三者通用，或是非用以治病、滅罪及護法等，有各種不同的類型。另外，咒也有善咒、惡咒的分別。善咒，如為人治病，或用於護身的咒；惡咒，則如咒詛他人，使之遭受災害的咒。在《法華經》卷七〈普門品〉、《舊華嚴經》卷五十七、《十地經》卷四等，都有述及此類惡咒的語句；而《藥師如來本願經》等，都曾言明必須遠離此等惡咒，使用惡咒的惡鬼則有毗陀羅（起屍鬼）等。

由上述說明可以了知，不論真言、陀羅尼、明咒或神咒，雖然名稱互異，但是所指稱的對象則其實是大略相同的，只不過是各種名詞的著重點稍有差異而已。因此，不空三藏在《總釋陀羅尼義讚》中說：「或有一字真言，乃至二字、三字，乃至百字、千字、萬字，復過此數，乃至無量無邊，皆名陀羅尼、真言、密言、明。若與三密門相應，不暇多劫難行苦行，能轉定業，速疾易成安樂成佛速疾之道。」

一般而言，真言等辭彙在本質上並沒有太大的區別。世俗以爲真言所指的是較短的句子，陀羅尼所指的是像寶篋印陀羅尼、佛頂尊勝陀羅尼等長咒，這種說法其實是一種誤解。

眞言與種子字

種子字又稱爲種字、種子。在密教中，以梵字表記佛、菩薩等諸尊，這種梵字稱爲種子字。

種子是借草本植物的種子爲比喻，其內義，我們可以由植物來觀察，植物由種子生長出莖、葉及開花、結果。所以種子之中具足了全體的一切精華。也因此諸佛菩薩的種子，也表示了具足諸佛菩薩的心要精華，將能在法界中，現起諸佛的無上菩提果。

法界世間的種種萬象，有其普遍的法性與特殊的緣起性。因此一切萬相的顯現，即是其特有的名稱。而諸佛菩薩的名稱、心要精華等透過彼等的示現，以單一的梵字顯示，這就是種子字。

種子字以其具有「自一字可生多字，多字可賅於一字」之意，所以，總體而言有攝持、引生二種意義，攝持，是表示一字中含藏有無量法、無量義。引生，是從一字引生微細的各種功德。

另外種子字還有了因、生因、本有三種意義。⑴了因，是依種子觀照而了悟佛智，猶如由煙而識知火的體性。⑵生因，是由種子產生三摩耶形等，譬如由穀類等種子可生出根莖花果等。⑶本有，則意謂諸字門具有自性之德，爲諸法的根源。由於有以上的諸義，所以不限於諸尊，一切的法門都得以建立種子。

決定佛、菩薩諸尊的種子，主要取梵名或真言的首部，或是取重要的字，或依義理決定。例如胎藏界大日如來的種子字爲「阿」（a），這是因爲代表大日來的真言爲 a-vi-ra-hūṁ-khaṁ，又代表本不生之意（anutpāda），所以取其首字爲代表。此外，文殊的種子字取自梵號；地藏的種子則取自其真言之中字。而一尊的種子字，有時也同時爲他尊所用。如阿彌陀佛的種子「訖利」，也是千手觀音的種子；胎藏界大日如來與火天的種子也是同一梵字。

又如，不動明王的種子字，有幾種，其中（hmmāṁ）字，是火界咒最後二字，（hāṁ唅）、（māṁ鑁或鋡）的相合。在《大日經疏》卷十中說：「唅字訶（ha）是行義。又有：阿（a）聲，是怖魔障金剛三昧也。點（ṁ）即大空也，以大空不動行，大怖一切魔障也。鑁字麼（ma）是我義，入阿字門即無我也，又以此大空無我三昧而怖畏眾魔，以此字亦有阿聲及點也。」這就是以大空無我的三昧，以堅固淨菩提心的不動行，來怖畏煩惱業障等爲障者之義。

除一尊有各別的種子外，也有共通於一類諸尊的種子，如忿怒部諸尊的種子，星宿諸尊的種子等，都屬於此類。

此外，書寫種子的曼荼羅，稱爲種子曼荼羅。依諸尊的種子而修習觀行，稱爲種子觀。

由於諸尊的種子字常取自真言的首字、中字等，因此其往往是真言的心髓，所以密宗也將種子字當作真言念誦，或是在種子字之上加「歸命」一詞而成爲「一字咒」。但是，我們一般所說的一字咒通常指的是一字金輪的種子「悖嚕吽」（bhrūṁ）。

第二章 眞言的起源與發展

眞言的起源

真言到底是如何產生的呢?其實可以認爲這是愛好神秘的印度人,其民族性的自然流露。他們往往相信超自然力量的存在,以爲超自然界與人類並不是完全沒有關係,人類如果專心的祈請,那麼以超自然界本來法爾所具有的本誓與念願爲媒介,就可以圓滿成就個人的願望,消除現實的拘束與內心的痛苦,而進入解脫安穩的理想境界。

但是在修持瑜伽的觀行時，有時只是祈求諸天善神的冥助，常使人感覺到有所不足。於是，呼喚諸天的妙號，及表達祈求的意志等各種內容組合起來，就產生了持誦真言的修行方式。

此種真言產生的淵源極爲古老，在《梨俱吠陀》裏，即有「我今以咒文頂禮，以接近你」的語句。然而這樣的真言咒語，雖然已經在《梨俱吠陀》中出現過，但是這不過是人們表達意志的一種形式而已，與後代的咒語並不相同。

但是到了《阿闥婆吠陀》時代，真言被認爲是一種具有靈力的絕對價值，當時流行息災、增益、降伏等三種咒術。到了《奧義書》時代，相應於這三種咒術的真言咒語也都出現了。

唵（oṁ）字在印度思想裏，是最被重視的「種子」字。「唵」字本來只是感嘆詞，但是後來被用來作爲真言咒語的第一個字。在《梵書》時代，該字並未被視爲梵的種子字，而被分解爲阿（a）、汚（u）、麼（m）三字，這三個字到了《奧義書》時代，則被配屬於三神，於是構成了三神一體的思想。

此外，像神秘性語詞「莎婆訶」（svāhā）一樣，「唵」在古《奧義書》的真言中，也常被使用。

咒語一般是指難以用言語説明，具有特殊力量的祕密語言，通常是作祈願時所唱誦的秘密章句。原作祝，是向神明禱告，令怨敵遭受災禍，或要袪除厄難、祈求厄難時所誦念的密語，如同以上所述，在印度古代即有咒術的存在，而在佛陀出世前就已經在印度相當流行了。這點由經中屢屢舉有一些咒名，可見一斑，如《長阿含》卷十三的〈阿摩晝經〉及卷十四的〈梵動經〉，就舉有水火咒、鬼咒、刹利咒、象咒、支節咒、安宅符咒、火燒鼠囓解咒等咒名。而《四分律》卷二十七、《十誦律》卷四十六等，也出現治腹内蟲病咒、治宿食不消咒、世俗降伏外道咒、治毒咒、治齒咒等咒名。到了大乘經典出現之後，所記載的真言漸漸多了起來。而在密教典籍盛行之後，密咒更成爲修行過程中極爲重要的法門。

佛陀初始對咒語的禁制

然而佛陀在一開始，對這種世俗流行的真言咒語是採取什麼樣的態度呢？佛陀以爲，外道婆羅門爲了生活資糧而修持咒術，這是應該極力排斥的。

如《長阿含經》卷第十三〈阿摩晝經〉記載：「摩納！如餘沙門、婆羅門食他信施，行遮道法，邪命自活，爲人咒病，或誦惡術，或爲善咒，或爲醫力、鍼灸、藥石，療治眾病；入我法者，無如是事。摩納！如餘沙門、婆羅門食他信施，行遮道法，邪命自活，或咒水火，或爲鬼咒，或誦剎利咒，或誦鳥咒，或支節咒，或是安宅符咒，或火燒、鼠嚙能爲解咒，或誦別死生書，或讀夢書，或相手面，或誦天文書，或誦一切音書；入法者，無如是事。」

由此可知，佛陀以爲外道婆羅門爲了生活資糧，而持行咒術，是邪命自活，他是不允許的。

眞言咒語引入佛教中

但是到了說一切有部的晚期律典《根本說一切有部律》，咒術已是大量進入佛教之中了。甚至有佛弟子鄔陀夷（Kaludāyī）化作醫師，咒誦，稱念三寶名號，「眾病皆除」的記載。至於法藏部與大眾部等部派，也都有咒藏的存在。世俗咒術的引入佛法，最主要是受到印度習俗的影響。而咒語的引入佛法中，治蛇毒咒應該是最早的。

由於印度地處熱帶，毒蛇特別多；每年爲毒蛇所傷害的人，數目很大。一直到現今，還有一批以咒蛇爲職業的人。而出家人多住於山林，正是毒蛇出沒地區，而咒術的力量，當時是被大眾承認的，那麼爲了生命安全，自然就引用了世俗防治毒蛇的咒術來保護自己。

如在《雜阿含經》中就記載有：優波先那（Upasena）被毒蛇所傷而死，在臨死時面色如常，沒有什麼變異。因此，佛陀因應當時的因緣，就爲比丘們說防治毒蛇的咒語。

也因此在僧團內，開始准許學習治蛇毒咒，而其他治病的咒法，當然也就許可使用了。如《根本說一切有部尼陀那》中，有治痔病的咒。但當時一般來說，凡是與自護或是與自己治病無關的其他咒語，是不許學，也不許教的。

因此，後來如果是爲了降伏外道而不是爲了生活，或是爲了保護自己而修習咒術，那麼佛陀並不加以排斥，反而認爲有所必要，甚而佛陀也曾敍述這種咒術的功德。在經典中，這類事例極多。

佛陀對於世俗真言咒語的態度既然如上所述，因此在原始佛教的僧團中，真言咒語的流傳是可以想見的。所以到了部派佛教時代，法藏部與大眾部等部派都有咒藏存在，這種情形是可以理解的。

總而言之，咒語，運用語音自身的神秘作用，或因咒力而得到鬼神的護助，或憑咒力來遣使鬼神；因此咒的神秘力，是常與鬼神力相結合的。

在佛法中，起初時是依於諦語——真誠不虛妄的誓言，以佛力、法力、僧力這三寶的威力，加上修行者的功德力，也能得龍天的護助。而諦語與三寶威力相結合，論性質，與咒術所產生的力量是類似的。所以《十誦律》稱諦語爲「咒願」；而《四分律》等則稱諦語爲「護咒」。咒，依於音聲的神祕力，終於經過諦語的串聯，爲部派佛教所容受，甚至成爲佛法中的一部分。如陳．真諦（Paramartha）傳說：《四分律》所屬的法藏部（Dharmguptaḥ），在三藏以外，又別立了「咒藏」。咒語在佛法的體系中，得到了長足的發展。

陀羅尼與大乘經典的關係

陀羅尼（dharaṇi）在大乘佛教中佔有極重要的地位。在印度古代的吠陀時代，尤其是《阿達婆吠陀》中的真言，常被用於攘災、祝禱。這些真言在印度人的心目中甚爲重要，因此佛教也吸收了這樣的方法。而錫蘭佛教徒並將若干優美的經典當作明護使用。

同樣的，大乘佛教徒也將一些大乘經典改爲咒文。而且，在大乘經典中存在著數量極龐大的佛、菩薩、諸天的咒語。而在《夜柔吠陀》的祭儀中，已可見到非常神秘的語言及音節。然而，與陀羅尼的防護或增益有關的不可思議力量，主要是在於陀羅尼中所含的智慧，而不只是在其語言與音節具有任何神秘意義。但是，在陀羅尼中確實含有此類「咒語性的語句」（mantrapa-dānī）。

明護（梵 partrāṇa），即「咒語」，意譯爲「明護」，乃是取其「明咒擁護」之寓意。原指護祐佛道修行者的明咒，後來轉指詳說明咒的經典。如在宋．法天所譯的《毗沙門天王經》中說：「善哉！世尊！所有阿吒曩胝經能爲明護。」經中並說明習學受持此護經的佛教四眾，不受鬼神等惱害。

在錫蘭、緬甸等地，明護經自古以來就非常的普及，並因爲個人消災或爲國家祈求去除災害而廣被讀誦；此風迄今仍然十分盛行。

陀羅尼在古代大乘經典中，份量極廣。在《法華經》、《入楞伽經》等許多的大乘經典中都可見到。

而依多羅那他（Tāranātha）的佛教史所記載，初期大乘佛教的學者馬鳴、龍樹、無著、世親等人，都是持誦真言的行者。雖然這種說法只是傳說，但如果果真如此，那麼他們一方面宣揚般若性空的思想，或強調唯識中道觀的思想，另外在實際的生活之中，同時也是持誦真言的修持者了。

此外，在《法華》、《涅槃》、《華嚴》等經完成時期所出現的各類大乘經典之中，不只是諸天善神的數量甚多，而且各種真言的數量也爲數不少。

在大乘經典中，有些經典也被當做陀羅尼，例如最短小的「般若經」——《小字般若經》（Alpākṣarā Prajñāramitā），即被當作陀羅尼使用。而《般若心經》（Prajnāpār-amitāhṛdaya-sūtra）也是一樣。這些經典是般若波羅蜜多的「心」（hṛdaya），也可視爲滅輕一切痛苦的真言，含有智慧圓滿的意義。

在《心經》中最後的真言：「揭諦！揭諦！波羅揭諦！波羅僧揭諦！菩提薩婆訶！」其意即是「去！去！到彼岸去！大家都到彼岸去！願正覺速疾成就。」這語句被認爲在某種程度上表現了「般若經」教義真髓。

而在《西藏大藏經》的〈甘珠爾〉，將甚多「般若經」編入陀羅尼中。在〈甘珠爾〉中的陀羅尼，其效能之一，是有助於理解《十萬頌般若經》及其他較長的「般若經」。

陀羅尼與佛經之間，不一定常有明確的分界。有些大乘經典除了陀羅尼，並沒有其他經文。如《無量壽（陀羅尼）經》（Aparimitayuḥ-sutra）不僅有梵本，而且有古和闐語譯、漢譯及藏譯本。而此經的全卷只是在讚歎陀羅尼而已。

在《大乘集菩薩學論》中所引用的〈寶光明陀羅尼〉，則被歸類爲大乘經典。這部《大乘集菩薩學論》，部帙頗廣，全經主要在闡述大乘佛教的教理，此外，也述及菩薩不只是渴望解脫，爲了利益有情眾生，他們也要發起大悲心，不斷的投以救度一切眾生。

在大乘經典中，出現了許多的真言密咒，並認爲真言具有廣大的威力，這其實也爲密教的發展，開出一條坦途。

眞言與密教的關係

密宗或稱瑜伽密教，由於此宗依理事觀行，修習三密瑜伽（相應）而獲得悉地（成就），所以名爲密宗，或稱爲瑜伽密教。

所謂三密，梵語 trini guhyāni，是指諸佛本尊的祕密三業，即是身密（梵 kāya-guhya）、口密（梵 vāg-guhya 或稱爲語密）及意密（梵 mano-guhya 或稱爲心密）。

密教以佛的三密爲三大（六大體大、四曼相大）中的用大，與眾生的身、語、意三業相應，能成就不思議業用。如果眾生的三業與佛之三密相應即成「三密用大」之義。《大日經疏》卷一云，入真言門略有三事，即身密門、語密門、心密門。行者以此三方便自淨三業，則爲如來的三密所加持，乃至能於此生滿足地波羅蜜，不歷劫數而備修各種對治門。

關於眾生的三密，《菩提心論》記載：「所言三密者：㈠身密者，如結契印召請聖眾是也。㈡語密者，如密誦真言，令文句了了分明，無謬誤也。㈢意密者，如住瑜伽應白淨月圓觀菩提心。」由此可知真言咒語在密教中的重要性。

自原始佛教時代起佛教中便雜有了真言咒語的存在，但是這些真言密法，多只是單純的各種真言密咒，及片段的摻雜，並沒有完成具有組織的密法修證體系。因此密法只是潛存在經典或成爲日常生活中的持誦、醫療、防護的用途，還沒有成爲獨立的真言密教。可以說，它僅僅是爲了幫助擁護佛道的修行者，排除各種障難，所附帶的真言密法而已，與佛教的根本教義並無關聯。

而當密教開始在印度產生時，大乘經內所具有的密咒，也隨著大乘佛教的流行而發展，密咒在中國佛教界也逐漸開始傳播。例如在六世紀間，梁元帝《金樓子》〈自序篇〉說：吾齔年之時誦咒，受道於法朗道人，誦得《淨觀世音咒》、《藥上王咒》、《孔雀王咒》。由此可見密咒傳衍情形的一斑。

同時各種密咒匯編的總集也由印度傳入中國，如東晉失譯的《七佛八菩薩說大陀羅尼神咒經》四卷，梁代失譯的《陀羅尼雜集》十卷，均可想像密咒在印度流傳漸盛，乃至形成雜密，其根本典據爲《持明咒藏》，即所謂《金剛大道場經》十萬頌，後由中印度沙門阿地瞿多在唐·永徽年中傳至長安，並撮要鈔譯成《陀羅尼集經》十二卷，其中包括有佛頂、如來、觀音、菩薩、金剛、諸天、雜部等壇法咒術，爲印度舊密咒法的集成之作。

但是這些密法，在佛教的發展中，融攝佛法的根本要義，而成爲具足佛教修證內義的法門，逐漸的在佛教中開展。後來，經過一段時期的發展，《大日經》、《金剛頂經》兩部大經終於產生，密教教理體系於是完成。在金胎兩部大經之中對真言甚爲尊重，認爲真言即法爾如是的法界體性。

如《大日經》卷二中世尊說：「復次，秘密主！此真言相非一切諸佛所作，不令他作，亦不隨喜。何以故？以是諸法法如是故。若諸如來出現，若諸如來不出，諸法法爾如是住，謂諸真言，真言法爾故。」也因此佛陀出世，即以此等真言的內容來使眾生覺悟。

在《大日經》卷二中，世尊亦說：「秘密主！以要言之，諸如來一切智智，一切如來自福智力、自願智力、一切法界加持力，隨順眾生如其種類，開示真言教法。」

因此佛教的核心就在真言之中，而金胎兩部大經也以這樣的主張來統攝佛陀一代的教法。

也因此，在大乘佛教的發展中，密法成爲一股大流，並形成體系龐大的真言密教。

其實大約在公元六世紀左右，印度的佛教已產生了極大的變化，密教在這時期逐漸爲佛教的主流。使得大乘佛教不管思想、實踐方面都產生了急遽的變化，這樣的變化雖然還是佛法之流，但仍然改變了佛教的外貌。

由真言密咒的流行開始，而開出廣大體系的真言密教，真言其實是密教發展中最重要的契機與核心。

第三章 眞言咒音的意義

密教以身、語、意三密爲修行的核心，其中身密主要爲手印，語密爲真言，意密則爲觀想。透過三密相應，使修行者得到本尊的加持，而圓滿成就，這是密教瑜伽修持的根本要點。

而在密教的祕密事相中，手印與真言，是極爲重要的表徵。而在手印與真言二者之中，真言先行成立，然後才有手印的出現。

真言所使用的語言性質，我們如果加以觀察的話，可了知真言有三種語言型式：(1)完全由無意義的語言所組成。(2)混合無意義和有意義的語言所組成。(3)幾乎完全由有意義的語言所構成。

由無意義語言組成的眞言

由完全沒有意義的語言所構成的真言是什麼呢？我們可以觀察《菩薩善戒經》卷七及《瑜伽師地論》卷四十五中所說的：壹胝、密胝、吉胝、毗羼底、鉢陀膩、莎訶（Iṭi miṭi kiṭi vikṣanti padhani svāhā）與《佛母孔雀經》所說的：呬哩、弭哩、枳哩、弭哩、伊里黎、羯怛黎、計覩嚩黎（Hili mili kili mili ilile katale ketumule），以上的咒語都是由完全無意義的語言所組合而成。

而所謂「無意義的語言」，有些是本來的意義早已消失，因此才成爲無意義的語言，但是，也有從一開始就沒有任何意義的語言。這種從一開始就沒有任何意義的語言，如何被攝取入真言陀羅尼中，而被認爲具神秘力量的呢？其起因或許是由於瑜伽行者專心實修時，自然所發出的聲音。在這無意識或無我的境界中所發出的語言，或許是來自佛菩薩或諸天的啟示，或無限的神秘語言。因此這些咒音被認爲是神聖的，而且相信念誦這些語言具有增長明智、除去病魔、招來福壽等等力量。

事實上依筆者實修的經驗而言，究竟的咒音並非單純由口舌語言中發出。而是在大空無我的實相中，依不同的緣起而發出。當行者證入現空的實相時，身心寂滅，智慧中脈現起，這時由於不同的本願、悲力、智慧、三昧、法門及心意，法爾從體性中發起心氣，依於緣起，在中脈輪脈中轉動，而依次發出各種咒音。這些咒音的體性本不生，但在緣起上則有相應的眾緣。

也因此在無意義的語言中也會有音調的調整，如將阿（a）字韻的語言反覆說出，或將阿（a）韻轉成伊（i）字韻或污（u）字韻，再反覆講出。

例如在《大雲輪請雨經》卷下，求雨的真言：娑邏娑邏、四唎四唎、素漏素漏（Sara sara, siri siri, suru suru）與闍婆闍婆、侍毗侍毗、樹附樹附（Java java, jivi jivi, juvu juvu）與遮羅遮羅、至利至利、朱漏朱漏（Cara cara, ciri ciri, curu curu）與婆邏婆邏、避利避利、復漏復漏（Vara vara, viri viri, vuru vuru）與婆邏婆邏、毗梨毗梨、蒲盧蒲盧（Bhara bhara, bhiri bhiri, bhuru bhuru）。其中，或從阿（a）韻轉成伊（i）韻或污（u）韻的Siri siri與Suru

suru，這種語言是獨立的，後來被用於種種的真言陀羅尼中。

不過事實上，在實修時，如果證入深刻的三昧中，單一語韻本身乃至轉韻的複雜程度，並非一般世俗語言，所能想像的。

由無意義的語言所構成的真言主要見於雜密經典，大部份是去除疾病與障難等的咒文。但是在大乘佛教中，無意義的語言被採用作爲瑜伽現行的方便。而爲了要探究無意義的真言的意義，專心禪修使心能統一起來而證得三昧，自然能悟入法界體性，而體悟究竟的實相。這種真言被稱爲能得忍陀羅尼。這可以用《瑜伽師地論》卷四十五等，前述的壹胝、密胝、吉胝、毗羼底、鉢陀膩、莎訶的真言爲例而理解。

由無義語與有義語混合的眞言

而由無意義的語言，與有意義的語言所混合而成的真言，例如《入楞伽經》〈陀羅尼品〉中的真言，如：覩吒覩吒、杜吒杜吒（Tutte tutte, vutte vutte）

等無意義的語詞與無意義的語詞間，就插入了Amale amale（無垢啊！無垢啊！）、Vimale vimale（離垢啊！離垢啊！）、Hime hime（如雪啊！如雪啊）等語句。

在這些語句當中，有些是有意義的，有些是暗示一種觀念，有些則是可以喚起與該真言的目的相應的聯想。這種以無義語中插入有義語的真言中，其所插入的有義語，通常會以「e」作結尾，而且常是女性呼格，意味著「怎麼樣！怎麼樣！」的意義。

由有意義語詞組成的眞言

最後一類則是，幾乎完全都是由有意義的語詞所組成的真言，但是其中也有暗示式和略詮式二種。

所謂暗示式，是指激起與真言之目的相應的觀念，而與暗示的語言一起羅列；而暗示的語言之間並沒有任何文法上的關連。

例如在《七佛所說神咒經》中所說關於淫戒的明咒，列有：貞潔、無欲、淨潔、無染、盪滌等各種語詞；酒戒的明咒則有清素、不醉、不亂、無失、護戒的語詞，這些都是暗示式的真言。而以阿（a）字表示本初不生，以囉（ra）字表示塵垢不可得，這些字門陀羅尼可以說都是完全屬於暗示性的真言。

另外略詮式的明咒，則是以極爲簡潔的語句來詮示一系列的思想，例如《摩登伽經》所說的大梵天王神咒：

「kamā hi loke paramaḥ prajanāmteṣaṃ（在所有的人類世界中，欲是最麻煩的），prahaṇaya abhutantarayas tasmād bhavantaḥ（將欲望捨離了，就沒有障礙），prajahantu kāmānṃs（將諸欲捨離吧）！tato ttuṃ prāpsyatha brahma-lokaṃ（這樣的話，你就可以到達梵的世界）。」這即是「有形必有欲，有欲必有苦；若能離此欲，定得梵天處」之義。

而《無量壽儀軌》中所說的淨三業明咒：

「唵娑嚩婆嚩秫馱薩嚩達磨（oṃ svabha-va-śuddhaḥ sarva-dharmāḥ，唵，自性清淨的一切諸法），娑嚩婆嚩戍度啥（svabhāva-cuddho 'ham，我是自性清淨）。」

以上這兩種明咒，即是略詮式的真言。

真言有以上「無意義」或「有意義」的真言等不同的分別，其中由有意義的語言所組成的真言，成爲後來密教的主流。因爲誦讀完全沒有意義的語言所成的真言，雖然可以使精神統一，也可以得到除病消災等的世間的成就，但是對於一般而言，有時會使他們的心識沈於空定之中，不能生起智慧的觀照。在佛法當中定與慧是必須等持的，而主張止觀雙運的理由，也即在於此。

在密教修習止觀時，一般是要求同時修，而持誦真言等法門，即是同時修習止觀雙運的方法。所以，從《大日經》、《金剛頂經》等兩部大經開始，屬於密教的真言，大部分都是由可以開顯慧觀的有意義的語句所構成。將心念集中於這些語句所詮顯的妙義上時，一心不亂地去思惟其內義，自然可以做到止觀雙運，開啟慧解而證得悟境。

所以一行禪師在他的著作《大日經疏》卷七，特別注意到這點，而說：「而今此真言門，所以獨成秘密者，以真實義所加持耳，若但口誦真言而不思惟其義，只可成世間義利，豈得成金剛體性乎！」

因此一行禪師就宣說偈頌：「最勝真實聲，真言真言相，行者諦思惟，得成不壞句。」而此聲即是真言門，是語密之體，就如同阿聲中第一真實之義，即是所謂本不生。由此可知，在金胎兩部大經之後，思惟勝義的口誦真言，已成爲大流。

第四章 眞言陀羅尼的種類

依眞言說主不同而分類

真言陀羅尼等在發展的過程中，逐漸被依類分別，而有各種不同的分類。

在《總持陀羅尼義讚》中以真言的四義，而將真言分爲四類真言：⑴法真言，⑵義真言，⑶三摩地真言，⑷文持真言。在本書中已有所探討。

除此之外，在《大日經疏》卷七中，則有五種真言的分類，這是依真言的說主不同，而分的：「大判真言，略有五種。謂如來說、或菩薩金剛說、或二乘說、或諸天說、或地居天說謂龍鳥脩羅之類。又前三種，通名聖者真言，第四名諸天眾真言，第五名地居者真言，亦可通名諸神真言也。」

在此將真言分成⑴如來說，⑵菩薩金剛說，⑶二乘說，⑷諸天說，⑸地居天說。而前面三種，都是聖者的真言，而第四及第五種，則是諸神真言。

雖然聖者的真言及諸神的真言，可能都使用相同的梵字，但在內義上卻是不同的。

三陀羅尼

除了以上真言的分類之外，陀羅尼也有各種分法，如三陀羅尼，但是此三種陀羅尼並非以真言密咒爲基礎而分類。但是其後也引入了真言的意義。

在《大智度論》卷五中所立的三種陀羅尼，是從能持、總持的陀羅尼本義爲中心。能「持」是對於一切善法都能持而令不散不失；而「總持」則是持善不失，持惡不生。這是出於《大智度論》卷五中所說五百陀羅尼中的最初的三種。

(1)聞持陀羅尼：是耳聞一切語言諸法，皆不忘失。

(2)分別知陀羅尼：這是能分別了知諸眾生及諸法。

(3)入音聲陀羅尼：聽聞一切言音而不喜、不瞋、不著、不動。

而在《大智度論》卷二十八中，則以「字入門陀羅尼」代替此三種中的「分別陀羅尼」。而「字入門陀羅尼」，則謂「阿」等四十二字能總攝一切語言名字，所以聞「阿」字時，能入一切法初不生，而聽聞其餘諸字時，也都悉入一切諸法實相中。而這也是真言陀羅尼建立的根本。

四陀羅尼

另外也有四陀羅尼的分類，即法陀羅尼、義陀羅尼、咒術陀羅尼及忍陀羅尼。這是語出於《菩薩地持經》卷八、《瑜伽師地論》卷四十五等。因爲陀羅尼，語譯作總持，所以四陀羅尼又稱爲四種總持，略稱爲四持。

這四種陀羅尼的解釋，顯密不同。顯教的意義，依《大乘義章》卷十一所釋說：

(1)法陀羅尼：謂聞持佛陀的教法而不忘。因爲聞而不忘，所以又名爲聞陀羅尼。其修得方法有六種：先世之業的因緣、現在的神咒力、藥力、現在的修習力、禪定、以實慧深入法界陀羅尼門等。

(2)義陀羅尼：這是於諸法無量的義趣總持不忘。其修得方法也有六種，與上述法陀羅尼的修得大類相同。

(3)咒術陀羅尼：謂菩薩能依禪定起咒術而爲眾生除患。其修得方法有三種：現在的修習力、禪定、以實智深入法界咒術法門等。

(4)忍陀羅尼：謂安住法的實相而能忍持不失。其修得方法有二種：先世長久修習之力、現在的修習力。

而依密教之意，則以爲真言一一字都能攝持一切教文諸法而不失，這是「法持」，又名文持。而真言一義能攝持無量義理而不失，這是「義持」。真言具有除災招福等諸功德，所以名爲「咒持」。真言能令行者證得菩提智，認知諸法實相，因此名爲「忍持」。

五陀羅尼

有很多陀羅尼只是以寫本的方式單獨流傳，有些則被彙集在一起。從此，我們可以看到有：趨吉避凶、消災免難、往生極樂、召請菩薩等等的咒法。

此外有由五種陀羅尼合集成的，被稱爲《五護陀羅尼》（Pañcarakṣā），這些經咒在尼泊爾頗受重視。其中：(1)《大隨求陀羅尼經》（Mahāpratisara），是對罪惡、疾病，及其他災禍的防護；(2)《守護大千國土經》（Mahā-sahasrapramardini）是對惡鬼的防護；(3)《大孔雀經》（Mahāmayurī）是對蛇毒的防護；(4)《大寒林陀羅尼經》（Mahāsītavatī）是對災星、野獸、毒蟲的防護；(5)《大護明大陀羅尼經》（Mahā〈rakṣa〉mantrānusāriṇī）是對疾病的防護。

這是另一種型態的陀羅尼集類。

其他種分類法

此外，咒語也有如下的分類：咒有善咒、惡咒的分別。如果是爲人咒病或爲防護己身者，就是善咒；而咒詛他人令罹災害者即爲惡咒。佛陀禁止修習此等咒術以自活，但允許爲護身而持咒。所以在《四分律》卷三十中說：「若學咒腹中蟲病，若治宿食不消；若學書、學誦，若學世論爲伏外道故；若學咒除毒，爲自護，不以爲活命，無犯。」可見戒律中對持咒一事的態度。

而真言密咒在形式上又可分爲大咒、中咒、小咒三種。大咒又稱爲根本陀羅尼、根本咒與大心咒。這是將諸尊的內證本誓功德作詳細宣說的真言陀羅尼。

中咒又稱爲心真言、心秘密咒、心咒。是宣說根本陀羅尼心要的真言，此等真言顯示出該尊內證秘密的真實精要。

小咒又稱爲隨心真言、心中心咒。由於此等真言，是從宣說諸尊內證本誓的真言中，抽出其核心秘奧而成的真言，所以有此名稱。

此外，又有所謂「一字咒」者。這是將本尊的種子作爲真言持誦，或者在種子字之前加上歸命詞句（namah samanta-buddhānām）而成的真言。所以，任何一尊的種子字，都可說是一字咒。不過，通常在提到一字咒時，往往指的是一字金輪的種子：「悖嚕吽」（bhrūṃ）。

第2篇

諸尊眞言

第一章 佛部眞言

釋迦牟尼佛

釋迦牟尼佛

種子字：ᛒ（bhaḥ）

釋迦牟尼（梵名 Sākya-muni-buddha），爲此娑婆世界佛教教主，約在公元前五百餘年，出生於北印度的迦毗羅衛城，爲該城城主淨飯王的太子。姓喬答摩（Gautama），名悉達多（梵 Siddhārtha）。於菩提樹下成道後，被尊稱爲「釋迦牟尼」，意思是「釋迦族的賢人」。

釋尊一生的弘法生涯，大約有四十餘年，最後在世壽八十歲時，於拘尸那羅人於涅槃。

⊙釋迦牟尼佛真言

曩莫① 三滿多② 勃陀喃③ 縛④ 薩縛吃哩捨⑤ 涅素娜曩⑥ 薩縛達磨⑦ 縛始多⑧ 鉢羅鉢多⑨ 誐誐曩⑩ 三摩三摩⑪ 娑縛賀⑫

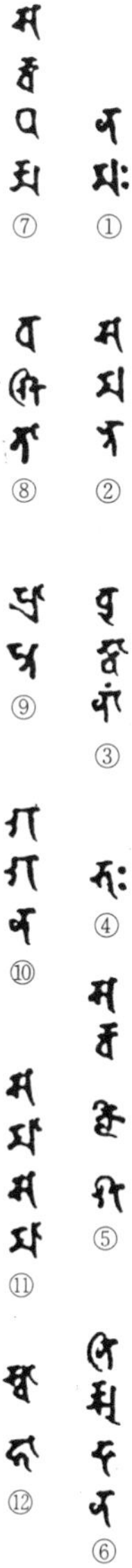

namaḥ① samanta② buddhānāṃ③ bhaḥ④ sarva-kleśa⑤ nirsudana⑥ sarva-dharma⑦ vaśitā⑧ prāpta⑨ gagana⑩ samāsamā⑪ svāhā⑫

歸命① 普遍② 諸佛③ 婆（種子）④ 一切煩惱⑤ 摧伏⑥ 一切法⑦ 自在⑧ 得⑨ 虛空⑩ 等同⑪ 成就⑫

藥師琉璃光如來

藥師琉璃光如來

種子字：𑖥𑖺（bhai）

藥師如來（梵名 Bhaisajya-guru Vaidurya-prabharajah），全名為藥師琉璃光王如來，通稱為藥師琉璃光如來，簡稱作藥師佛。

藥師琉璃光如來的名號來源，是以能拔除生死之病而名為藥師，能照度三有之黑闇故名琉璃光。現在為東方淨琉璃世界的教主，領導者日光遍照與月光遍照二大菩薩等眷屬，化導眾生。

◎藥師如來真言

藥師如來大咒（滅除一切眾生苦惱咒）

曩謨① 婆誐縛帝② 佩殺紫野③ 虞嚕④ 吠咹哩也⑤ 鉢羅婆⑥ 羅惹野⑦
怛他蘖多野⑧ 羅喝帝⑨ 三藐三沒馱野⑩ 怛儞也多⑪ 唵⑫ 佩殺爾曳佩殺爾曳⑬
佩殺紫野三摩弩蘖帝⑭ 娑縛賀⑮

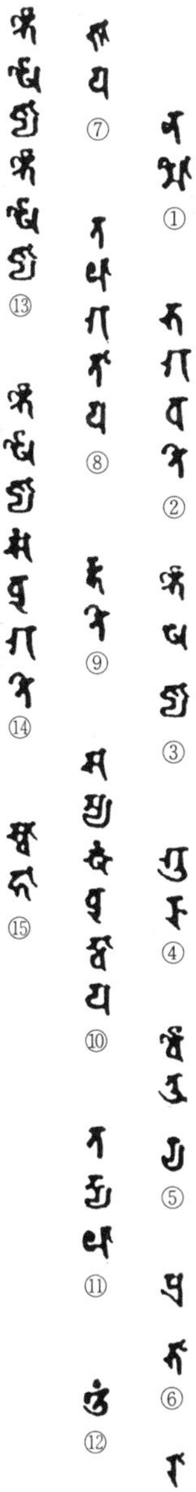

namo① bhagavate② bhaiṣajya③ guru④ vaidūrya⑤ prabhā⑥ rājāya⑦
tathāgatāya⑧ arhate⑨ samyaksambodhāya⑩ tadyathā⑪ oṁ⑫ bhaiṣ
ajye-bhaiṣajye⑬ bhaiṣajyasamudgate⑭ svāhā⑮

歸命① 世尊② 藥③ 師④ 瑠璃⑤ 光⑥ 王⑦ 如來⑧ 應供⑨ 正遍智⑩

所謂⑪ 供養⑫ 藥藥⑬ 藥發生⑭ 成就⑮

小咒（同無能勝明王眞言）

那莫① 三滿多母馱南② 唵③ 戶嚕戶嚕④ 戰拏哩⑤ 摩蹬儗⑥ 娑嚩賀⑦

namaḥ① samanta-buddhānāṃ② oṃ③ huru huru④ caṇḍari⑤ matangi⑥ svāhā⑦

歸命① 普遍諸佛② 歸命③ 速疾速疾④ 暴惡相⑤ 象王（降伏之相）⑥ 成就⑦

阿彌陀佛

阿彌陀佛

種子字：（aṃ）或（saṃ）或（hrīḥ）

阿彌陀佛（梵名 Amitaba 或 Amita-buddha），意譯爲無量光或無量壽佛。又常以飲之可不死不老的甘露來彰顯其特德，而稱之爲甘露王（梵名 Amṛta-rāja）或甘露王如來。

阿彌陀佛乃西方極樂世界的教主，有觀世音、大勢至兩大菩薩爲脇侍。依《無量壽經》所述，其於因地爲法藏比丘時，在世自在王佛前，發起無上道心，以四十八宏願，誓願建立十方佛土中最極無比莊嚴的極樂世界，精勤修習菩薩道而成佛。

⊙阿彌陀如來真言

阿彌陀如來根本陀羅尼（又名十甘露咒）

曩謨① 囉怛曩怛羅夜耶② 娜莫③ 阿哩野④ 弭路婆耶⑤ 怛他蘖多耶⑥
囉曷帝⑦ 三藐三勃陀耶⑧ 他儞也他⑨ 唵⑩ 阿密嘌帝⑪ 阿密慄姤納婆吠⑫
阿密嘌多三婆吠⑬ 阿密嘌多蘖吠⑭ 阿密嘌多悉帝⑮ 阿密嘌多帝際⑯ 阿密嘌
多尾訖磷帝⑰ 阿密嘌多尾訖磷多誐弭寧⑱ 阿密嘌多誐誐曩吉迦隸⑲ 阿密嘌多
嫩拏枇娑嚩隸⑳ 薩縛羅陀薩陀寧㉑ 薩縛羯磨㉒ 訖禮捨㉓ 乞灑孕迦隸㉔ 莎訶
㉕

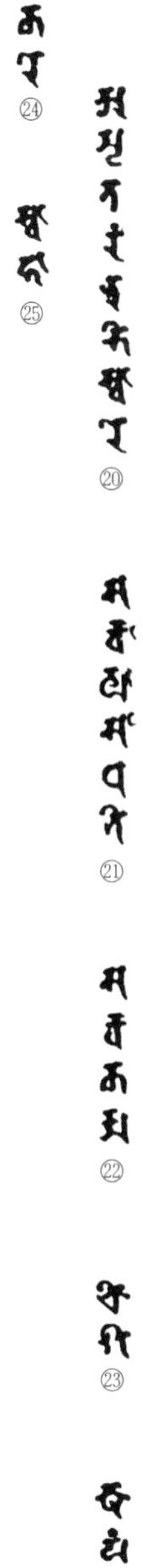

namo① ratna-trayāyu② namaḥ③ Ārya④ mitābhāya⑤ tathāgatāya⑥
arhate⑦ samyaksaṁbuddhāya⑧ tad-tathā⑨ oṁ⑩ amṛte⑪ amṛtōdbhave⑫
amṛta-saṁbhave⑬ amṛta-garbhe⑭ amṛta-siddhe⑮ amṛta-teje⑯ amṛta-vikrānte⑰
amṛta-vikrānta-gāmine⑱ amṛta-gagana-kirtikare⑲ amṛta-duṁdubhi-svare⑳
sarvārtha-sādhane㉑ sarva-karma㉒ kleśa㉓ kṣayaṁ-kare㉔ svāhā㉕

歸命① 三寶② 敬禮③ 聖④ 無量光⑤ 如來⑥ 應供⑦ 正等覺⑧ 所謂⑨
唵（三身具足之義）⑩ 甘露⑪ 甘露發生⑫ 甘露生⑬ 甘露藏⑭ 甘露成就⑮ 甘露威光⑯ 甘露神變⑰ 甘露騰躍⑱ 甘露等虛空作⑲ 甘露好音⑳ 一切義利成就㉑ 一切業㉒ 煩惱㉓ 盡滅㉔ 成就㉕

往生咒

南無① 阿彌多婆夜② 哆他伽哆夜③ 哆地夜他④ 阿彌利都婆毗⑤ 阿彌利

哆 悉耽婆毗⑥ 阿彌利哆 毗迦蘭諦⑦ 阿彌利哆 毗迦蘭哆⑧ 伽彌膩⑨ 伽那 枳多 迦隸⑩ 莎婆訶⑪

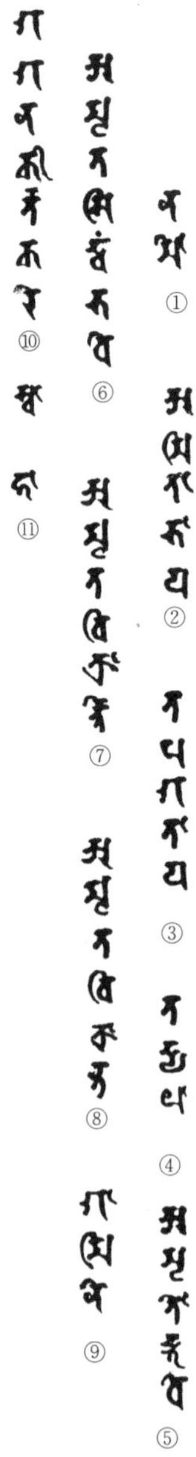

namo① amitābhāya② tathāgatāya③ tadyathā④ amṛtodbhave⑤ amṛta-siddhaṃbhave⑥ amṛta-vikrānte⑦ amṛta-vikrānta⑧ gāmine⑨ gagana kirta-kare⑩ svāhā⑪

歸命① 無量光（阿彌陀）② 如來③ 即說咒曰④ 甘露所生者⑤ 甘露成就所生者⑥ 具甘露神力者⑦ 甘露神力者⑧ 前進（或到達）⑨ 願名滿天下⑩ 成就⑪

小咒

唵① 阿彌利陀② 底勢③ 可羅④ 吽⑤

𑖌𑖼① 𑖀𑖦𑖴𑖝② 𑖝𑖸𑖕𑖸③ 𑖮𑖨④ 𑖮𑖳𑖽⑤

oṃ① amrita② teje③ hara④ hūṃ⑤

歸命① 甘露（不滅）② 威光③ 運用④ 能生⑤

金剛界眞言

唵① 盧計濕縛羅② 羅惹③ 紇哩④（羯磨會）

𑖌𑖼① 𑖩𑖺𑖎𑖸𑖫𑖿𑖪② 𑖨𑖯𑖕③ 𑖮𑖿𑖨𑖱𑖾④

oṃ① lokeśvra② rāja③ hrīḥ④

歸命① 觀世自在② 王③ 紇哩（種子）④

唵① 縛日羅② 枳惹南③ ⿰口頡唎④（三昧耶會）

𑖌𑖼① 𑖪𑖕𑖿𑖨② 𑖕𑖿𑖗𑖯𑖡𑖽③ 𑖮𑖿𑖨𑖱𑖾④

oṃ① vajra② jñānaṃ③ hrīḥ④

歸命① 金剛② 智③ ⿰口頡唎（種子）④

唵① 薩縛② 怛他誐多③ 縛日羅④ 達摩努多羅⑤ 布惹⑥ 娑發羅拏⑦ 三摩曳⑧ 吽⑨（供養會）

oṁ① sarva② tathāgata③ vajra④ dharmānuttara⑤ pūja⑥ spharaṇa⑦ samaye⑧ hūṁ⑨

歸命① 一切② 如來③ 金剛④ 法無上⑤ 供養⑥ 普遍⑦ 平等⑧ 吽（種子）⑨

胎藏界眞言

唵① 糝索② 莎賀③（《大日經》〈八印品〉）

oṁ① saṁ saḥ② svāhā③

歸命① 糝索（種子）② 成就③

大日如來

大日如來

種子字：（vaṃ）或（āḥ）或（a）

大日如來（梵名Mahāvairocana），在漢譯中，又有摩訶毗盧遮那、毗盧遮那、遍一切處、光明遍照等名號。是密教最根本的本尊，在金剛界與胎藏界兩部密教大法中，都是法身如來，是法界體性自身，是實相所現的根本佛陀。

⊙大日如來真言

金剛界眞言

唵① 縛日羅② 馱覩③ 鑁④（成身會）

oṃ① vajra② dhātu③ vaṃ④

歸命① 金剛② 界③ 鑁（大日的種子）④

縛日羅① 枳惹南② 阿③（三昧耶會）

vajra① jñānaṃ② āḥ③

金剛① 智② 阿入引（大日的種子）③

唵① 薩縛② 怛他誐多③ 縛日羅④ 馱怛縛努多羅⑤ 布惹⑥ 娑發羅拏⑦

娑摩曳⑧ 吽⑨（供養會）

oṁ① sarva② tathāgata③ vajra④ dhātvanuttara⑤ pūja⑥ spharaṇa⑦ samaye⑧ hūṁ⑨

歸命① 一切② 如來③ 金剛④ 界無上⑤ 供養⑥ 普遍⑦ 平等⑧ 吽（種子）⑨。

鑁① 吽② 怛洛③ 纈唎④ 惡⑤（五智明）

vaṁ① hūṁ② trāḥ③ hrīḥ④ aḥ⑤

表金剛界的五智五佛。鑁表中央毗盧遮那佛① 吽表東方阿閦如來② 纈唎表南方寶生如來③ 纈唎表西方無量壽如來④ 惡表北方不空成就如來⑤

胎藏界真言

1.無所不至真言（《大日經》〈悉地出現品〉）

南麼① 薩婆② 怛他蘖帝弊③ 微濕縛目契弊④ 薩婆他⑤ 阿⑥ 阿引⑦ 闇⑧

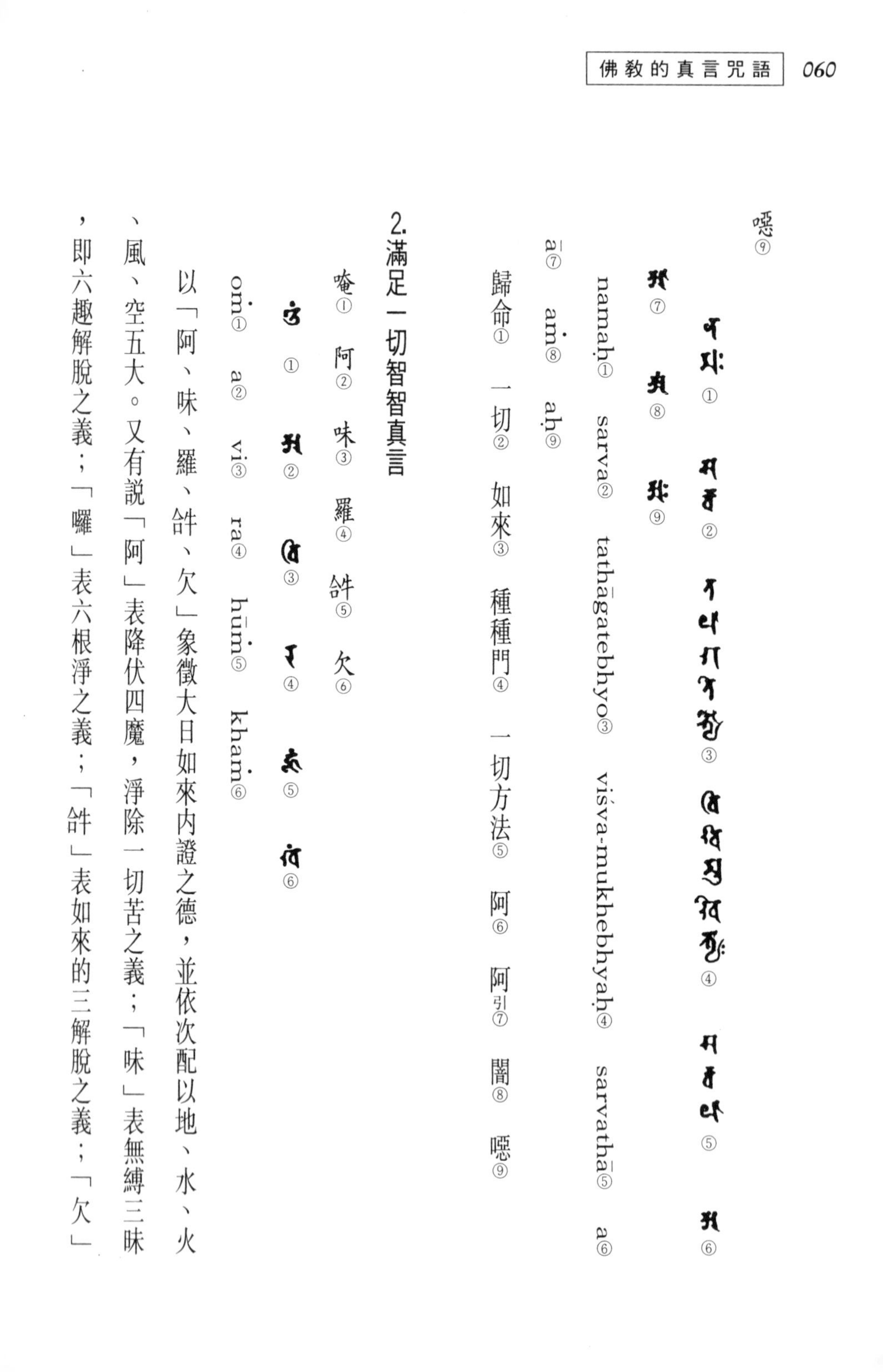

噁⑨

① ② ③ ④ ⑤ ⑥
⑦ ⑧ ⑨

namaḥ① sarva② tathāgatebhyo③ viśva-mukhebhyaḥ④ sarvathā⑤ a⑥
ā⑦ aṃ⑧ aḥ⑨

歸命① 一切② 如來③ 種種門④ 一切方法⑤ 阿⑥ 阿引⑦ 闇⑧ 噁⑨

2.滿足一切智智真言

唵① 阿② 味③ 羅④ 吽⑤ 欠⑥

① ② ③ ④ ⑤ ⑥

oṃ① a② vi③ ra④ hūṃ⑤ khaṃ⑥

以「阿、味、羅、吽、欠」象徵大日如來內證之德，並依次配以地、水、火、風、空五大。又有說「阿」表降伏四魔，淨除一切苦之義；「味」表無縛三昧，即六趣解脫之義；「囉」表六根淨之義；「吽」表如來的三解脫之義；「欠」

表大空之義。密教視之爲諸佛通咒。

寶幢如來

寶幢如來

種子字：（a）或（raṃ）

寶幢如來（梵名 Ratnaketu），音譯爲囉怛曩計覩。又稱爲寶幢佛、寶星佛，密號福壽金剛、福聚金剛。爲位於胎藏界曼荼羅中臺八葉院東方之佛。此佛主菩提心的妙德；以寶幢代表發菩提心之義，因爲他以一切智願爲幢旗，在菩提樹下降伏魔眾，所以得到寶幢的名號。

◉寶幢如來真言

大威德生（東方寶幢如來印・秘密八印之一）

南麼① 三曼多勃馱喃② 㘕嗒③ 莎訶④

namaḥ① samanta-buddhānāṁ② raṁ raḥ③ svāhā④

歸命① 普遍諸佛② 㘕嗒（種子）③ 成就④

阿閦佛

阿閦佛

種子字：（hūṃ）

阿閦佛（梵名Akṣobhya），漢譯有阿閦（音ㄔㄨˋ）、阿閦鞞，以於因地時受大目如來啟發，發起「對一切眾生不起瞋恚的誓願」，而得名「阿閦」，阿閦就是不瞋恚、無憤怒的意思，所以也名爲不動或無動，如其密號即爲不動金剛。

阿閦佛在東方的阿比羅提世界的七寶樹下成佛，佛剎名爲「善快（妙喜）」。基於他的願力，這一佛剎沒有三惡道；大地平正柔軟。一切人都行善事，淫、怒、痴之念甚薄；也沒有邪說外道。此土沒有國王，而以阿閦佛爲法王。境界極爲殊勝，乃爲阿閦佛本願所感。

◎阿閦佛真言

金剛界真言

唵① 惡乞芻毗也② 吽③（成身會）

oṃ① akṣobhya② hūṃ③

歸命① 不動② 吽（菩提心的種子）③

唵① 縛日羅② 枳惹南③ 吽④（三昧耶會）

oṃ① vajra② jñānaṃ③ hūṃ④

歸命① 金剛② 智③ 吽（種子）④

唵① 薩縛② 怛他誐多③ 縛日羅④ 薩怛縛努多羅⑤ 布惹⑥ 娑發羅拏⑦

三摩曳⑧ 吽⑨（供養會）

oṃ① sarva② tathāgata③ vajra④ sattvānuttara⑤ pūja⑥ spharaṇa⑦

samaye⑧ hūṃ⑨

歸命① 一切② 如來③ 金剛④ 勇猛無上⑤ 供養⑥ 普遍⑦ 平等⑧ 吽⑨

天鼓雷音如來

天鼓雷音如來

種子字：（aḥ）或（haṃ）

天鼓雷音如來（梵名Divyadundubhi meghanirghoṣa），又稱鼓音如來、鼓音王。是胎藏五佛之一，位胎藏界曼荼羅中臺八葉院之北方，有說與阿閦如來是同尊。

在《大日經》中說，天鼓雷音如來安住寂定之相，彰顯廣大涅槃的功德，因此稱爲不動。又因涅槃無相，就像天鼓一樣，雖然沒有形相，卻能演說如來法音，成辦一切事業，所以名爲鼓音如來。

⊙天鼓雷音如來真言

萬德莊嚴（北方天鼓雷音如來印・秘密八印之一）

南麼① 三曼多勃馱喃② 唅鶴③ 莎訶④

namaḥ① samanta-buddhānāṁ② haṁ haḥ③ svāhā④

歸命① 普遍諸佛② 唅鶴（化他之事業自在無窮）③ 成就④

開敷華王如來

開敷華王如來

種子字：ā（ā）或 vaṃ（vaṃ）

開敷華王如來（梵名 Saṃkusumita-rāja-tathāgata），又稱爲娑羅樹王華開敷佛、開敷華佛、華開敷佛，密號平等金剛。爲胎藏界五佛之一，位於胎藏曼荼羅中臺八葉院南方。以其安住於離垢三昧，以菩提心種子，長養大悲萬行，成就無上正覺，萬德開敷，所以稱爲開敷華王如來。

⊙開敷華王佛真言

南莫① 三滿多② 沒馱南③ 鑁縛④ 莎訶⑤

namaḥ① samanta② buddhānāṃ③ vaṃ-vaḥ④ svāhā⑤

歸命① 普遍② 諸佛③ 鑁縛④ 成就⑤

寶生如來

寶生如來

種子字：（trāḥ）或（hūṃ）或（hṇa）

寶生如來（梵名Ratna-sambhava），通稱爲南方寶生佛，或南方福德聚寶生如來。在顯教經典裏，則往往稱爲南方寶幢佛，或南方寶相佛。爲金剛界五佛之一。

寶生如來以摩尼寶福德聚功德，成滿一切眾生所願，更予以三界法王位的灌頂，使圓滿自他平等的勝義，所以被攝入五部中的寶部，轉眾生的第七識爲如來智慧，主五智中的平等性智。

◎寶生如來真言

金剛界眞言

唵① 羅怛曩② 三婆縛③ 怛落④（成身會）

𑖌𑖼① 𑖨𑖝𑖿𑖡② 𑖭𑖽𑖥𑖪③ 𑖝𑖿𑖨𑖯𑖾④

oṃ① ratna② saṃbhava③ trāḥ④

歸命① 寶② 生③ 怛落（種子）④

縛日羅① 枳惹南② 怛落③（三昧耶會）

𑖪𑖕𑖿𑖨① 𑖕𑖿𑖗𑖯𑖡𑖽② 𑖝𑖿𑖨𑖯𑖾③

vajra① jñānaṃ② trāḥ·③

金剛① 智② 怛落（種子）③

唵① 薩縛② 怛他誐多③ 縛日羅④ 羅怛那努多羅⑤ 布惹⑥ 娑發羅拏⑦

三摩曳⑧ 吽⑨（供養會）

𑖌𑖼① 𑖭𑖨𑖿𑖪② 𑖝𑖞𑖯𑖐𑖝③ 𑖪𑖕𑖿𑖨④ 𑖨𑖝𑖿𑖡𑖯𑖡𑖲𑖝𑖿𑖝𑖨⑤ 𑖢𑖳𑖕⑥

𑖭𑖿𑖣𑖨𑖜⑦ 𑖭𑖦𑖧𑖸⑧ 𑖮𑖳𑖽⑨

oṃ① sarva② tathāgata③ vajra④ ratna-anuttara⑤ pūja⑥ spharaṇa⑦

samaye⑧ hūṃ⑨

歸命① 一切② 如來③ 金剛④ 寶無上⑤ 供養⑥ 普遍⑦ 平等⑧ 吽（菩提心的種子）⑨

不空成就如來

不空成就如來

種子字：ཨཿ（aḥ）

不空成就如來（梵名 Amogha-siddhi），又稱不空成就佛，是金剛界五佛之一，位北方。而在胎藏界中，則稱之爲北方天鼓雷音佛。顯教經典則稱他爲天鼓音佛或雷音王佛。

不空成就佛在五佛智中，轉眼、耳、鼻、舌、身等五識成智，代表大日如來的成所作智，所以也象徵能以大慈的方便，成就一切如來事業及眾生事業。依密典所傳，修法者由於不空成就佛的加持，在諸佛事及有情事上，都能圓滿成就；

而且能成辦自他兩利的妙行，並遠離一切煩惱。

◉不空成就如來真言

金剛界真言

唵① 阿目伽② 悉弟③ 惡④（羯磨會）

oṁ① amogha② siddhe③ aḥ④

歸命① 不空② 成就③ 惡（涅槃的種子）④

縛日羅① 枳惹南② 惡③（三昧耶會）

vajra① jñānaṁ② aḥ③

金剛① 智② 惡（種子）③

唵① 薩縛② 怛他誐多③ 縛日羅④ 羯磨⑤ 努多羅⑥ 布惹⑦ 娑發羅拏⑧

三摩曳⑨ 吽⑩（供養會）

oṁ① sarva② tathāgata③ vajra④ karma⑤ anuttara⑥ pūjā⑦

spharaṇa⑧ samaye⑨ hūṁ⑩

歸命① 一切② 如來③ 金剛④ 事業⑤ 無上⑥ 供養⑦ 普遍⑧ 平等⑨ 吽

（菩提心的種子）⑩

第二章 佛頂與佛母部眞言

一字金輪佛頂

一字金輪佛頂

種子字：（bhrūṁ）

一字金輪佛頂（梵名Ekākṣara-uṣṇīṣacakra），五佛頂尊之一。別名爲一字輪王佛頂、金輪佛頂王，梵名音譯爲翳迦訖沙羅烏瑟尼沙斫訖羅，與大日如來、釋迦牟尼同一本體。

此佛傳說是依照咒文示現而成的。其名號中的「一字」，指的是「南莫三曼多勃馱南．勃嚕唵」中的「勃嚕唵」。「勃嚕唵」名爲三身具足咒。所以是以「勃嚕唵」（bhrūṃ）一字爲真言的佛頂尊。是諸佛頂中最爲殊勝者，猶如世間轉輪聖王中以金輪爲最。

⊙一字金輪真言

勃嚕唵

bhrūṃ

大佛頂

大佛頂

種子字：（āḥ）

佛頂為如來無見頂相功德以佛位來顯現。大佛頂則是總攝諸佛頂尊而為最勝尊；又指尊勝佛頂。

以大佛頂為本尊，為調伏天變或兵亂所修之法，即稱為大佛頂法，又稱作攝一切佛頂輪王法。有金剛部大日金輪與胎藏部釋迦金輪二種。修本法的根據有《大佛頂首楞嚴經》、《大妙金剛經》、《大佛頂廣聚陀羅尼經》等。

⊙大佛頂法真言

唵① 摩訶縛日朗瑟抳灑② 吽③ 怛落④ 訖哩⑤ 惡⑥ 吽⑦

oṃ① mahā-vajroṣṇīṣa② hūṃ③ trāḥ④ hriḥ⑤ aḥ⑥ hūṃ⑦

歸命① 大金剛頂② 吽③ 怛落④ 訖哩⑤ 惡⑥ 吽⑦

白傘蓋佛頂

白傘蓋佛頂

種子字：（laṃ）

白傘蓋佛頂（梵名Sitātapatroṣṇīśa），又稱白傘佛頂（或白繖佛頂）、白繖蓋佛頂輪王、白傘蓋頂輪王菩薩。又由於此尊現佛母像，所以也稱爲大白傘蓋佛母，爲五佛頂（尊）或八佛頂（尊）之一。

白傘蓋佛頂乃由一切如來頂髻所化現，依《大日經義釋》卷七中說白傘蓋佛頂爲如來眾相之頂。又其主彰顯如來無見頂相的五種特德之一的如來頂相遍覆一切之用的特德。

◎白傘蓋佛頂真言

曩莫① 三滿多沒馱喃② 嚂③ 悉怛多鉢怛羅④ 鄔瑟尼灑⑤ 娑縛賀⑥

⑥

namaḥ① samanta-buddhānāṁ② laṁ③ sitātapatra④ uṣṇīṣa⑤ svāhā⑥

歸命① 普遍諸佛② 嚂（種子）③ 白傘蓋④ 佛頂⑤ 成就⑥

曩莫① 三滿多母馱喃② 阿鉢羅底賀哆捨娑曩南③ 唵④ 怛他蘖靚瑟抳沙⑤

阿曩縛路吉多⑥ 母嘌馱⑦ 斫訖羅⑧ 縛羅底⑨ 唵摩摩吽暱⑩

𑖡𑖦𑖾① 𑖭𑖦𑖡𑖿𑖝𑖤𑖲𑖟𑖿𑖠𑖯𑖡𑖯𑖽② 𑖀𑖢𑖿𑖨𑖝𑖰𑖮𑖝𑖫𑖯𑖭𑖡𑖯𑖡𑖯𑖽③ 𑖌𑖽④ 𑖝𑖞𑖯𑖐

𑖝𑖺𑖬𑖿𑖜𑖱𑖬⑤ 𑖀𑖡𑖪𑖩𑖺𑖎𑖰𑖝⑥ 𑖦𑖴𑖠⑦ 𑖓𑖎𑖿𑖨⑧ 𑖪𑖨𑖿𑖝𑖰⑨ 𑖌𑖽𑖦𑖦𑖮𑖳𑖽𑖕𑖾⑩

namaḥ① samanta-buddhānāṃ② apratihataṣasanānāṃ③ oṃ④ tathā

gatoṣṇīṣa⑤ anavaloki ta⑥ mṛdha⑦ cakra⑧ varti⑨ oṃ ma ma hūṃ jā⑩

歸命① 普遍諸佛② 不壞殺戮③ 供養④ 如來佛頂⑤ 不觀⑥ 戰敵⑦ 輪⑧

丹轉⑨ 唵摩摩吽暱（種子）⑩

光聚佛頂

光聚佛頂

種子字：（trīṃ）

光聚佛頂（梵名 Tejorāśyuṣṇīṣaḥ或 Uṇīṣa-trjorāśi），音譯作帝儒囉施鄔瑟抳灑，五佛頂之一，主彰顯如來無見頂相五種特德中之光用功德，是如來定慧光明之頂，像徵如來光明能除一切暗障。常念誦光聚佛頂之聖號，能破壞一切障礙、驅除難伏之鬼魅，可成就一切廣大佛事。

⊙光聚佛頂真言

曩莫① 三滿多沒馱喃② 怛陵③ 帝儒羅施④ 鄔瑟抳灑⑤ 娑縛賀⑥

namaḥ① samanta-buddhānāṃ② trīṃ③ tejrāśi④ uṣṇīṣa⑤ svāhā⑥

歸命① 普遍諸佛② 怛陵（種子）③ 光聚④ 佛頂⑤ 成就⑥

熾盛光佛頂

熾盛光佛頂

種子字：（bhrūṃ）

熾盛光佛頂（梵名 Prajvaloṣṇisaḥ），又稱爲攝一切佛頂輪王，依密教相傳，此尊係釋尊爲教化眾生所示現的忿怒相，由於身上毛孔發出熾盛光明而得名。此尊於胎藏曼荼羅中與最勝佛頂同尊，又有認爲此尊與光聚佛頂同尊，也有認爲與金輪佛頂同尊者，諸說不一。於天災地變時可修此法以除災招福，稱爲熾盛光法。

◎熾盛光佛頂真言

娜莫① 三曼多② 勃馱南③ 阿鉢羅底賀多捨娑曩南④ 唵⑤ 却却佉呬佉呬⑥
吽吽⑦ 入縛攞入縛攞⑧ 鉢羅入縛攞鉢羅入縛攞⑨ 底瑟姹底瑟姹⑩ 瑟置哩⑪
娑撥吒娑撥吒⑫ 扇底迦⑬ 室利曳⑭ 娑縛賀⑮

namaḥ① samanta② buddhānāṃ③ apratihata-śāsanānāṃ④ oṃ⑤

kha-kha-khāhi-khāhi⑥ hūṃ-hūṃ⑦ jvala-jvala⑧ prajvala-prajvala⑨ tiṣṭha-tiṣṭha⑩ ṣṭhirī⑪ sphaṭ-sphaṭ⑫ śāntika⑬ śriye⑭ svāhā⑮

歸命① 普遍② 諸佛③ 無能害者④ 三身⑤ 無見頂相⑥ 恐怖除障⑦ 光炎⑧ 熾盛光炎⑨ 願住⑩ 秘⑪ 破壞⑫ 息災⑬ 吉祥⑭ 成就⑮

除障佛頂

除障佛頂

種子字：（hrūṃ）

除障佛頂（梵名Vikīraṇoṣṇīṣa），又稱為除業、摧碎、捨煩惱，以此尊能斷除一切業障煩惱，能滅盡眾生之一切惡業而名之。為五佛頂之一及八佛頂之一。乃如來力無所畏神通之頂，能柔伏一切眾生之業垢。

⊙除障佛頂真言

曩莫① 三滿多② 没馱喃③ 訶啉④ 尾枳羅拏⑤ 半祖鄔瑟鄔灑⑥ 娑縛賀⑦

namaḥ① samanta② buddhānāṃ③ hrūṃ④ vikīraṇa⑤ pañco-ṣṇīṣa⑥ svāhā⑦

歸命① 普遍② 諸佛③ 訶啉（種子）④ 摧壞⑤ 五蓋障⑥ 成就⑦

勝佛頂

勝佛頂

種子字：（śaṃ）

勝佛頂（梵名 Jayoṣṇīṣa），爲五佛頂之一或八佛頂之一。梵名音譯作欲鄔瑟尼灑。又稱作勝頂輪王，或勝佛頂轉輪。

此尊已斷除無明之根，滅盡五住二死之源，所以其所證悟的寂靜涅槃爲如來之大寂，遠勝聲聞、緣覺二乘所證得的寂靜涅槃，此寂無等無比，而爲大寂之頂，所以稱爲勝佛頂。

⊙勝佛頂真言

南麼① 三曼多② 勃馱南③ 苫④ 惹欲鄔瑟尼灑⑤ 娑縛賀⑥（四部儀軌）

namaḥ① samanta② buddhānāṁ③ śaṁ④ jayoṣṇīṣa⑤ svāhā⑥

歸命① 普遍② 諸佛③ 苫（種子）④ 勝佛頂⑤ 成就⑥

娜莫① 三漫多② 勃馱南③ 阿鉢羅底呵多④ 舍娑娜南⑤ 唵⑥ 入縛羅⑦

惹踰瑟尼沙⑧ 娑縛賀⑨（一字頂輪王軌）

namaḥ① samanta② buddhānāṁ③ apratihata④ ṣasananāṁ⑤ oṁ⑥

jvala⑦ jayoṣṇīṣa⑧ svāhā⑨

歸命① 普遍② 諸佛③ 無間斷④ 殺戮⑤ 唵（警覺之義）⑥ 光明⑦ 勝佛

頂⑧ 成就⑨

最勝佛頂

最勝佛頂

種子字：（śī）

最勝佛頂（梵名 vijayoṣṇīṣa），八佛頂之一，主要在彰顯佛轉法輪之特德。有說同廣生佛頂、發生佛頂或高佛頂。

⊙最勝佛頂真言

南麼① 施臬② 尾惹欲烏瑟抳灑③ 娑縛賀④

namaḥ① si śi② vijayoṣṇīṣa③ svāhā④

歸命① 施梟（種子）② 最勝佛頂③ 成就④

發生佛頂

發生佛頂

種字子：（śrūṁ）

發生佛頂（梵名 Abhyudgatoṣṇīṣaḥ），主在彰顯佛力能發生三乘諸聖眾之特德，密號難覩金剛，爲三佛頂及八佛頂之一。有說同廣生佛頂、高佛頂或最勝佛頂。

◎發生佛頂真言

曩莫① 三滿多沒馱喃② 輸嚕吽③ 鄔瑟抳灑④ 娑縛賀⑤

𑖡𑖦𑖾① 𑖭𑖦𑖡𑖿𑖝𑖤𑖲𑖟𑖿𑖠𑖯𑖡𑖯𑖽② 𑖫𑖿𑖨𑖳𑖽③ 𑖄𑖬𑖿𑖜𑖱𑖬④ 𑖭𑖿𑖪𑖯𑖮𑖯⑤

namaḥ① samanta-buddhānāṃ② śrūṃ③ uṣṇīṣa④ svāhā⑤

歸命① 普遍諸佛② 輸嚕吽（種子）③ 佛頂④ 成就⑤

廣生佛頂

廣生佛頂

種子字：𑖝𑖿𑖨𑖳𑖽（trūṃ）

廣生佛頂（梵名Mahoṣṇīṣa-cakra-vartī），梵名直譯有六頂轉輪之義，故別名大轉輪佛頂。此尊主在彰顯佛力能摧碎諸障之特德，密號破魔金剛。爲三佛頂及八佛頂之一。

⊙廣生佛頂真言

吒嚕吽① 鄔瑟抳灑② 娑縛賀③

trūṃ① uṣṇīṣa② svāhā③

（歸命）吒嚕吽（種子）① 佛頂② 成就③

佛眼佛母

佛眼佛母（梵名buddha-locani），音譯沒陀路左曩、勃陀魯沙那；又稱爲佛眼、佛眼尊、佛母尊、佛母身、佛眼部母、佛眼明妃、虛空眼明妃、虛空藏眼明妃、一切如來佛眼大金剛吉祥一切佛母等。

佛眼佛母尊乃般若中道妙智的示現，具有五眼，能出生金胎兩部諸佛、菩薩，爲生佛部功德之母，所以於胎藏曼荼羅中，置於表示般若一切智的遍知、釋迦二院中。於遍知院的佛眼佛母，又名爲虛空眼、諸佛母；於釋迦院的佛眼佛母，又名遍知眼、能寂母、一切如來寶。

⊙佛眼佛母真言

曩謨① 婆誐縛覩② 鄔瑟抳灑③ 唵④ 嚕嚕⑤ 塞怖嚕⑥ 入縛攞⑦ 底瑟吒⑧
悉馱⑨ 路者寧⑩ 薩縛喇他⑪ 薩馱儞曳⑫ 娑縛賀⑬

namo① bhagavat② uṣṇīṣa③ oṃ④ ruru⑤ sphuru⑥ jvala⑦ tiṣṭha⑧
siddha⑨ locanī⑩ sarvārtha⑪ sadhane⑫ svāhā⑬

歸命① 世尊② 頂③ 唵（三身的種子）④ 嚕嚕（無垢離塵的種子）⑤ 普

遍⑥ 光明⑦ 安住⑧ 成就⑨ 眼⑩ 一切義利⑪ 富裕⑫ 成就⑬

虛空眼明妃眞言

南麼① 三曼多勃馱喃② 伽伽那③ 縛羅④ 落吃灑孄⑤ 伽伽那三迷⑥ 薩縛覩嗢蘗多⑦ 避娑羅⑧ 三婆吠⑨ 入縛羅⑩ 那謨⑪ 阿目佉羅⑫ 娑縛訶⑬

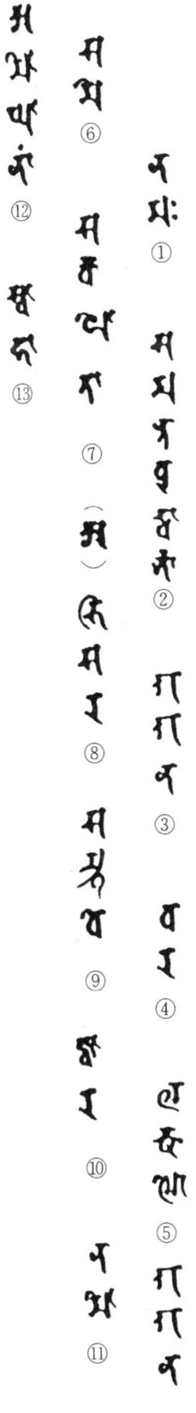

namaḥ① samanta-buddhānāṁ② gagana③ vara④ lakṣaṇe⑤ gaganasame⑥ sarvathodgata⑦ abhisara⑧ sambhave⑨ jvala⑩ namo⑪ amoghānāṁ⑫ svāhā⑬

歸命① 普遍諸佛② 虛空③ 願④ 勝相⑤ 等虛空⑥ 一切處超出⑦ 堅不可壞⑧ 從生⑨ 光明⑩ 頂禮⑪ 諸不空⑫ 成就⑬

第三章 菩薩部眞言

文殊菩薩

文殊菩薩

種子字：अ（a）或 मं（maṃ）

文殊師利菩薩（梵名Mañjusri），梵名音譯爲文殊尸利、曼殊室利，又名文殊師利法王子（梵Mañjusrikumarabhūta），或文殊師利童真、孺童文殊菩薩。在密教當中則有般若金剛、吉祥金剛、大慧金剛、辯法金剛等密號。在《大乘本生心地觀經》中則稱爲「三世覺母妙吉祥」。與普賢菩薩同爲釋迦牟尼佛之左右脇侍，世稱「華嚴三聖」。

在密教中文殊菩薩形像的種類，分爲一字、五字、六字、八字文殊，其中以五髻文殊爲最主要。

五字文殊：梵名Mañjughosa，音譯曼殊伽沙。即以「阿、羅、波、者、那」等五字爲真言之文殊師利菩薩。又稱妙音菩薩，其頭有五髻，用表五智，故亦稱五髻文殊。

一字文殊：又稱爲一髻文殊，係指結一髮髻之文殊菩薩，以其髮髻爲一髻，故稱之。而在《大方廣菩薩經》中及《文殊師利根本一字陀羅尼經》舉出文殊菩薩真言爲：「唵齒嚂」，所以稱爲一字文殊。

八字文殊：文殊師利菩薩在《大聖妙吉祥菩薩秘密八字陀羅尼修行曼荼羅次

第儀軌法》舉出八字真言：「唵阿味囉吽佉左洛」，故稱八字文殊。因為其頂上有八髻，所以又稱八髻文殊菩薩。通常於息災、惡夢等場合修此法。

六字文殊：則以「唵縛雞淡納莫」六字為真言之文殊菩薩。此菩薩住於滅罪調伏之三昧，其真言有六字，故稱六字文殊。如果行者為了往生極樂或求長壽，可修六字文殊法。

⊙文殊菩薩真言

南麼① 三曼多勃馱喃② 係係③ 倶摩囉迦④ 微目吃底⑤ 鉢他⑥ 悉體多⑦ 娑麼羅⑧ 鉢羅底然⑨ 莎訶⑩

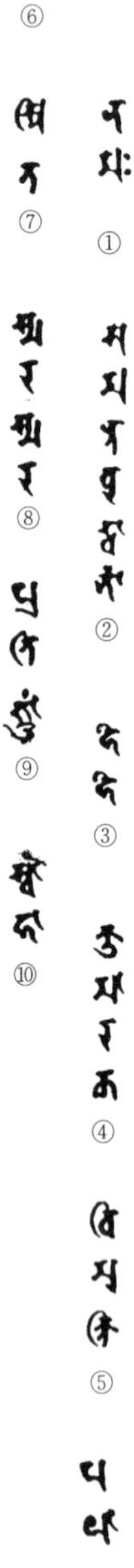

namaḥ① samanta-buddhānāṃ② he he③ kumāraka④ vimukti⑤ patha⑥ sthita⑦ smara smara⑧ pratijñāṃ⑨ svāhā⑩

歸命① 普遍諸佛② 係係（呼召之聲）③ 童子④ 解脫⑤ 道⑥ 佇立⑦ 憶

念憶念⑧ 昔所願⑨ 成就⑩

⊙五字文殊真言

阿① 羅② 波③ 左④ 那⑤

a① ra② pa③ ca④ na⑤

「阿（a）」本寂無生之義（毗盧遮那說）；「羅（ra）」本空離塵之義（阿閦佛說）；「波（pa）」本真無染著離垢之義（寶生佛說）；「左（ca）」本淨妙行之義（觀自在王如來說）；「那（na）」本空無自性之義（不空成就如來說）。

⊙一髻文殊真言

唵① 娑摩那② 始哩③ 娑縛賀④

oṁ① samāna② śrī③ svāhā④

歸命① 同一② 吉祥③ 成就④

唵① 齒臨②

𑖌𑖼① 𑖥𑖿𑖨𑖳𑖽②

歸命① 齒臨（種子）②

◎八字文殊（八髻文殊）真言

唵① 阿入引② 味入引③ 羅④ 許引⑤ 佉⑥ 左⑦ 洛⑧（八字軌）

𑖌𑖼① 𑖁𑖾② 𑖪𑖱③ 𑖨④ 𑖮𑖳𑖽⑤ 𑖏⑥ 𑖓⑦ 𑖨𑖾⑧

oṁ① āḥ② vī③ ra④ hūṃ⑤ kha⑥ ca⑦ raḥ⑧

阿① 尾② 囉③ 吽④ 佉⑤ 左⑥ 喀⑦ 曇⑧（大日如來劍印）

𑖀① 𑖪𑖰② 𑖨③ 𑖮𑖳𑖽④ 𑖏⑤ 𑖓⑥ 𑖨𑖾⑦ 𑖪𑖽⑧

ā① vi② ra③ hūṃ④ kha⑤ ca⑥ raḥ⑦ dhaṃ⑧

普賢菩薩

普賢菩薩

種子字：（hūṃ）或（aḥ）或（aṃ）或（ka）

普賢菩薩（梵名Samantabhadra），音譯爲三曼多跋陀羅，義譯作遍吉，爲具足無量行願，普示現於一切佛剎的菩薩，所以佛教徒常尊稱其爲大行普賢菩薩，以彰顯其特德。

關於其名號的意義，在《大日經疏》卷一中提到：普賢菩薩，普是遍一切處義，賢是最妙善義。由此可知普賢菩薩依菩提心所起願行，及身、口、意悉皆平等，遍一切處，純一妙善，具備眾德，所以名爲普賢。

普賢代表一切諸佛的理德與定德，與文殊的智德、證德相對，兩者並爲釋迦牟尼佛的兩大脇侍。文殊駕獅、普賢乘象，表示理智相即、行證相應。

⊙普賢菩薩真言

根本印（三昧耶印）

三昧耶① 薩怛鑁②

𑖭𑖦𑖧 ① 𑖭𑖝𑖿𑖪𑖽 ②

samaya① satvaṃ②

平等① 薩怛鑁（生佛不二之種子）②

支分生印

南麼① 三曼多勃馱喃② 暗③ 噁④ 莎訶⑤

𑖡𑖦𑖾 ① 𑖭𑖦𑖡𑖿𑖝𑖤𑗁𑖟𑖿𑖠𑖯𑖡𑖯𑖽 ② 𑖀𑖽 ③ 𑖀𑖾 ④ 𑖭𑖿𑖪𑖯𑖮𑖯 ⑤

namaḥ① samanta-buddhānāṃ② aṃ③ aḥ④ svāhā⑤

歸命① 普遍諸佛② 暗（種子）③ 噁（種子）④ 成就⑤

普賢如意珠印

南麼① 三曼多勃馱喃② 三麼多奴揭多③ 吠囉闍④ 達摩涅闍多⑤ 摩訶摩訶⑥ 莎訶⑦

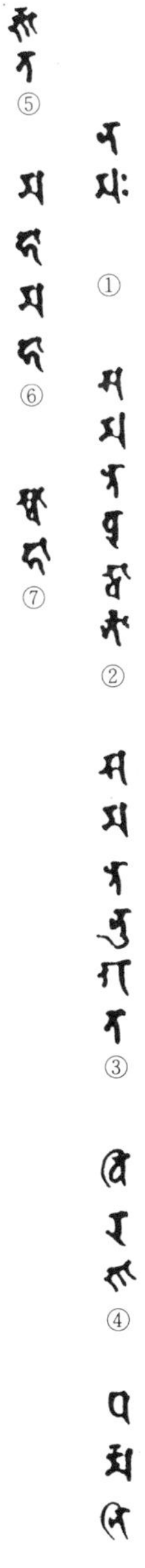

namaḥ① samanta-buddhānāṃ② samantānugata③ viraja④ dharmanirjata⑤ mahā mahā⑥ svāhā⑦

歸命① 普遍諸佛② 平等至③ 無塵垢④ 法生⑤ 大大⑥ 成就⑦

普賢延命菩薩

普賢延命菩薩

種子字：𑖧𑖳𑖾（yuḥ）

普賢菩薩有增益、延命的性德，當他住入增益延命三昧的境界之時，就成為普賢延命菩薩（Samanta-bhadrayuḥ）。

依照密教經典的記載，若有眾生能對此一菩薩如法修持與祈求，則「終不墮三惡道，定增壽命。終無夭死短命之怖，亦無惡夢魘魅咒詛惡形羅刹鬼神之怖。亦不為水火兵毒之所傷害。」而且能「具大福智，勝願圓滿。官位高遷，富饒財寶皆悉稱意。若求男女，並及聰明。」這些功德，都是依據普賢延命菩薩的本誓而產生的。

普賢延命菩薩又有「大安樂不空三昧耶真實菩薩」與「金剛薩埵」等二種異名。前者是宣說此一菩薩具有賦予眾生以大利益、大安樂的平等本誓。後者是說他具有「不朽不壞之智，能摧諸煩惱，猶如金剛」。

◉普賢延命菩薩真言

二手金剛拳

唵① 縛日羅喻曬② 吽吽③ 尸棄④ 莎訶⑤

oṃ① vajrāyuse② hūṃ hūṃ③ śikhi④ svāhā⑤

歸命① 金剛壽命② 吽吽（破二執之義）③ 尸棄（延之義）④ 成就⑤

內五股印

唵① 縛日羅薩怛縛② 弱吽鑁斛③

oṁ① vajra-sattva② jaḥ hūṁ baṁ hoḥ③

歸命① 金剛薩埵② 弱吽鑁斛（鉤召・住歡之義）③

外五股印

唵① 縛日羅薩埵② 惡③

oṁ① vajra-sattva② aḥ③

歸命① 金剛薩埵② 惡（種子）③

地藏菩薩

地藏菩薩

種子字：ᡥ（ha）

地藏菩薩（梵名 Kṣitigarbha），是悲願特重的菩薩，因此佛教徒常稱之爲大願地藏王菩薩，以顯其特德。

關於地藏菩薩名號的由來，在《地藏王菩薩十輪經》裡面說其「安忍不動如大地，靜慮思密知秘藏」，所以名爲「地藏」。

安忍不動如大地，是說地藏菩薩的忍波羅蜜第一，猶如大地能夠承載一切眾生的種種罪業。而靜慮思密知秘藏中的靜慮，是彰顯其智慧禪定的不可思議。

⊙地藏菩薩真言

南麼① 三曼多② 勃馱南③ 訶訶訶④ 蘇怛奴⑤ 莎訶⑥

𑖡𑖦𑖾① 𑖭𑖦𑖡𑖿𑖝② 𑖤𑖲𑖟𑖿𑖠𑖯𑖡𑖯𑖽③ 𑖮 𑖮 𑖮④ 𑖭𑖲𑖝𑖡𑖲⑤ 𑖭𑖿𑖪𑖯𑖮𑖯⑥

namaḥ① samanta② buddhānāṃ③ ha ha ha④ sutanu⑤ svāhā⑥

歸命① 普遍② 諸佛③ 離三因④ 妙身⑤ 成就⑥

大勢至菩薩

大勢至菩薩

種子字：𑖭𑖾（saḥ）或𑖭𑖽（saṃ）

大勢至菩薩（梵名Mahā-sthāma-prāpta），又譯作摩訶那鉢、得大勢、大勢志、大精進，或簡稱勢至、勢志。依《觀無量壽經》說：此菩薩以智慧光普照一切，令眾生遠離三惡道，得無上力，所以稱此菩薩爲大勢至。其與觀世音菩薩同爲阿彌陀佛的脇侍，彌陀、觀音、勢至合稱爲「西方三聖」。相對於觀音的代表慈悲，大勢至菩薩就象徵智慧。

⊙大勢至菩薩真言

南麼① 三曼多② 勃馱喃③ 髯髯④ 索⑤ 莎訶⑥

namaḥ① samanta② buddhānāṃ③ jaṃ-jaṃ④ saḥ⑤ svāhā⑥

歸命① 普遍② 諸佛③ 髯髯（生之義，除二障生空）④ 索（種子）⑤ 成就⑥

彌勒菩薩

彌勒菩薩

種子字：𑖀（a）或𑖧𑖲（yu）或𑖪𑖽（vaṃ）

彌勒菩薩（梵名Maitreya），音譯作梅怛儷藥、末怛唎耶、彌帝隸，或梅任梨，譯作慈氏。是當來下生，繼釋尊之後成佛的菩薩，故又稱一生補處菩薩，補處薩埵或彌勒如來。

關於慈氏一名的來由，在《一切智光明仙人慈心因緣不食肉經》中說，彌勒菩薩發心不食肉，以此因緣而名慈氏。《大日經疏》卷一則記載：慈氏菩薩以佛四無量中之慈心爲首，此慈從如來種姓中生，能令一切世間不斷佛種，故稱慈氏。

⊙彌勒菩薩真言

南麼① 三曼多勃馱喃② 摩訶瑜伽③ 瑜擬寧④ 瑜詣謊縛履⑤ 欠若利計⑥ 莎訶⑦

𑖡𑖦𑖾① 𑖭𑖦𑖡𑖿𑖝𑖤𑖲𑖟𑖿𑖠𑖯𑖡𑖯𑖽② 𑖦𑖮𑖯𑖧𑖐③ 𑖧𑖺𑖐𑖰𑖡𑖱④ 𑖧𑖺𑖐𑖸𑖫𑖿𑖪𑖨𑖰⑤ 𑖏𑖽𑖕𑖨𑖰𑖎𑖸⑥ 𑖭𑖿𑖪𑖯𑖮𑖯⑦

namaḥ① samanta-buddhānāṃ② mahā-yaga③ yoginī④ yoge-śvari⑤ khañjarike⑥ svāhā⑦

歸命① 普遍諸佛② 大相應③ 相應者④ 相應自在⑤ 空生作⑥ 成就⑦

唵① 妹怛隸野② 娑縛賀③

𑖌𑖼① 𑖦𑖹𑖝𑖿𑖨𑖸𑖧𑖯② 𑖭𑖿𑖪𑖯𑖮𑖯③

oṃ① maitreyā② svāhā③

歸命① 慈氏② 成就③

虛空藏菩薩

虛空藏菩薩

種子字：（trāḥ）或（trāṃ）或（oṃ）或（ā）或（ī）

虛空藏菩薩（梵名Ākāśa-garbha），又譯爲虛空孕菩薩。相傳此菩薩所具有的福智二藏，無量無邊，猶如虛空，因此乃有此名。

依《虛空藏菩薩神咒經》所載，世尊對此菩薩甚爲讚嘆，說其禪定如海，淨戒如山，智如虛空，精進如風，忍如金剛，慧如恒沙。是諸佛法器，諸天眼目，人之正導，畜生所依、餓鬼所歸，在地獄救護眾生的法器。應受一切眾生最勝供養。可見此菩薩功德之殊勝。

◉虛空藏菩薩真言

唵① 嚩日羅② 羅怛曩③ 吽④

𑖌𑖽① 𑖪𑖕𑖿𑖨② 𑖨𑖝𑖿𑖡③ 𑖮𑖳𑖽④

oṁ① vajra② ratna③ hūṁ④

歸命① 金剛② 寶③ 能生④

伊① 阿迦奢② 三曼多③ 奴揭多④ 鞞質哆嚂麼嚩囉⑤ 馱囉⑥ 莎訶⑦（胎藏界）

𑖃① 𑖁𑖎𑖯𑖫② 𑖭𑖦𑖡𑖿𑖝③ 𑖀𑖡𑖲𑖐𑖝④ 𑖪𑖰𑖓𑖰𑖝𑖿𑖨𑖯𑖦𑖿𑖤𑖨⑤ 𑖠𑖨⑥ 𑖭𑖿𑖪𑖯𑖮𑖯⑦

ī① ākāśa② samanta③ anugata④ vicitrāmbara⑤ dhara⑥ svāhā⑦

伊（種子：，自在之義）① 虛空② 等③ 得④ 種種衣⑤ 著⑥ 成就⑦

虛空藏求聞持法眞言

南牟① 阿迦捨② 揭婆耶③ 唵④ 摩哩⑤ 迦麼唎⑥ 慕唎⑦ 莎縛賀⑧

① ② ③ ④ ⑤ ⑥ ⑦ ⑧

nama① ākāśa② garbhāya③ oṁ④ māli⑤ kamali⑥ mauli⑦ svāhā⑧

歸命① 虛空② 藏③ 三身具足④ 華鬘⑤ 蓮華⑥ 冠⑦ 成就⑧

日光菩薩

日光菩薩

種子字：（ka）

日光菩薩（梵名 surya-prabha），又作日光遍照、日曜。是藥師佛的左脇侍。與右脇侍月光菩薩在東方淨琉璃國土中，並爲藥師佛的兩大輔佐，也是藥師佛國中，無量菩薩眾的上首菩薩。

日光菩薩的名號，是取自「日放千光，遍照天下，普破冥暗」的意思。此菩薩依其慈悲本願，普施三昧，照耀法界俗塵，摧破生死闇冥，猶如日光之遍照世間，故取此名。

日光菩薩與觀世音菩薩的大悲咒有密切關係。經中說持誦大悲咒者，日光菩薩當與無量神人來爲作證，並增益其效驗。凡是持誦大悲咒者，如能再持日光菩薩陀羅尼，當能得到日光菩薩的護持。

◎日光菩薩真言

唵① 阿尼底耶波羅嚩耶② 娑嚩訶③

oṃ① anidyaprabhaya② svāhā③

歸命① 日光② 成就③

月光菩薩

月光菩薩

種子字：（ca）或（caṁ）

月光菩薩（梵名Candra-prabha），與日光菩薩同爲藥師如來的脇侍，又作月淨菩薩、月光遍照菩薩。

月光菩薩與觀世音的大悲咒，有密切的關係，凡是至心持誦大悲咒的行者，月光菩薩也會與無量護法來護持。誦持大悲咒時，如果能再加誦月光菩薩陀羅尼，則月光菩薩當會加以庇護，使持咒者除去一切障難與病痛，並成就一切善法、遠離各種怖畏。

⊙月光菩薩真言

唵① 贊捺羅鉢羅婆野② 娑縛賀③

oṃ① candraprabhaḥ② svāhā③

歸命① 月光② 成就③

金剛薩埵

金剛薩埵

種子字：（hūṃ）或（stvaṃ）

金剛薩埵（梵名Vajrasattva），爲密教傳法之第二祖。vajra（嚩日囉）意爲金剛，sattva（薩埵）意譯作有情、勇猛等義。簡稱爲金薩，或稱爲金剛手、金剛手秘密主、執金剛秘密主、持金剛具慧者、金剛上首、大藥金剛、一切如來普賢、普賢薩埵、普賢金剛薩埵、金剛勝薩埵、金剛藏、執金剛、秘密主。密號真如金剛或大勇金剛。其以淨菩提心堅固不動，勇於降伏一切外道有情，故謂大勇。而淨菩提心爲恒沙功德之根本所依體，故名真如。

◉金剛薩埵真言

南麼① 三曼多② 勃駄喃③ 伐折囉赧④ 戰荼⑤ 摩訶路灑拏⑥ 吽⑦

𑖡𑖦𑖾① 𑖭𑖦𑖡𑖿𑖝② 𑖤𑖲𑖟𑖿𑖠𑖯𑖡𑖯𑖽③ 𑖪𑖕𑖿𑖨④ 𑖓𑖜𑖿𑖚⑤ 𑖦𑖮𑖯𑖨𑖺𑖬𑖜⑥ 𑖮𑖳𑖽⑦

namaḥ① samanta② buddhānāṃ③ vajrāṇāṃ④ caṇḍa⑤ mahā-roṣaṇa⑥ hūṃ⑦

歸命① 普遍② 諸佛③ 金剛④ 暴惡⑤ 大忿怒⑥ 吽（種子）⑦

菩提心印明

唵① 嚩日羅② 句捨③ 冒地止多④ 吽⑤

𑖌𑖽① 𑖪𑖕𑖿𑖨② 𑖎𑖺𑖫③ 𑖤𑖺𑖠𑖰𑖓𑖰𑖝𑖿𑖝④ 𑖮𑖳𑖽⑤

oṃ① vajra② kośa③ bodhicitta④ hūṃ⑤

歸命① 金剛② 藏③ 菩提心④ 吽（種子）⑤

轉法輪真言

南麼① 三曼多② 伐折囉赧③ 伐折囉怛麼句痕④

namaḥ① samanta② vajrāṇāṃ③ vajrātmākohaṃ④

歸命① 普遍② 諸金剛③ 我即金剛④

五秘密菩薩

五秘密菩薩

種子字： (stvaṃ)

五秘密菩薩又稱爲五秘密或五金剛菩薩。是指金剛界的金剛薩埵及欲、觸、愛、慢等五金剛菩薩。

然這五菩薩實則同爲一體，表示不動五趣有情煩惱愛欲之當相，而直接開顯五智功德之意；也就是觀眾生的欲、觸、愛、慢之妄體，與真實菩提心之金剛薩埵爲同體之意。以其染淨不二、因果同體之理趣深妙難解，所以名之爲五秘密。

五秘密住同一月輪之內，爲不住生死之義，表大智之德；又坐同一蓮華上，爲不住涅槃之義，表大悲之德。

爲了滅罪等，而以五秘密菩薩爲本尊所修之行法，即爲五秘密法。以五秘密爲中心所建立之曼荼羅，稱爲五秘密曼荼羅。

⊙五秘密法根本真言

唵① 摩訶素佉② 嚩日囉薩怛嚩③ 弱④ 吽⑤ 鑁⑥ 斛⑦ 素囉多⑧ 薩怛梵⑨

oṁ① mahāsukha② vajra-sattva③ jaḥ④ hūṁ⑤ baṁ⑥ hoḥ⑦

surata⑧ stvaṁ⑨

歸命① 大樂② 金剛有情③ 召請④ 引入⑤ 縛住⑥ 歡喜⑦ 妙適⑧ 生佛不二入我入⑨

藥王菩薩

藥王菩薩

種子字：（bhai）

藥王菩薩（梵名Bhaiṣajya-rāja），是《法華經》中，燃燒自身以供養諸佛的大菩薩；也是施與良藥給眾生，以除治眾生身心痛苦的大士。

依《觀藥王藥上二菩薩經》中記載，在久遠的過去世，當琉璃光照如來涅槃時，有位日藏比丘辛勤地弘揚佛法。當時有位星宿光長者，就以雪山良藥供養日藏比丘等人，並發菩提心，誓願除滅眾生的病苦。這位星宿光長老就是後來的藥王菩薩。

◎藥王菩薩真言

唵① 鞞逝捨羅惹耶② 莎訶③

oṁ① bhaiṣajya-rājāya② svāhā③

歸命① 藥王② 成就③

賢護菩薩

賢護菩薩

種子字：（vi）或（pṛ）

賢護菩薩（梵名Bhadra-pāla），八大菩薩及十六大菩薩之一。梵名爲跋陀羅波羅，又作拔陂、跋陀羅、跋陀婆羅。又譯爲善守、仁賢，及賢護勝上童真。

此尊於金剛界曼荼羅爲賢劫十六尊之一。日本·圓仁之《金剛頂大教王經疏》卷二說：「爲諸群生化導之主，能守護之，不過時處，說法相應，離煩惱垢，令得覩見本際清淨法界曼荼羅身，故爲主宰。稱爲功護，亦爲利垢者即是賢護也。」

◎賢護菩薩真言

唵① 跋捺羅播邏野② 娑縛賀③

oṁ① Bhadra-pālaya② svāhā③

歸命① 跋捺羅播邏野（尊名）② 成就③

除蓋障菩薩

除蓋障菩薩

種子字： （āḥ）

除蓋障菩薩（梵名Sarvanīvaraṇaviṣkambhin），以能消除一切煩惱而名之。在《諸佛要集經》卷下中，以棄諸陰蓋菩薩之譯名，稱讚此菩薩所得之三昧。而《大日經疏》則說此菩薩以淨菩提心之因照明諸法故，以小功力得除蓋障三昧，見八萬四千煩惱之實相，成就八萬四千之寶聚門。又有除一切蓋障菩薩、降伏一切障礙菩薩。為密教胎藏界曼荼羅除蓋障院之主尊。

⊙除蓋障菩薩真言

南麼① 三曼多勃馱喃② 阿③ 薩埵④ 係多弊嗢蘖多⑤ 怛覽怛覽⑥ 覽覽⑦ 莎賀⑧

namaḥ① samanta-buddhānāṁ② aḥ③ sattva④ ketabhyodgata⑤ traṁ-traṁ⑥ raṁ-raṁ⑦ svāhā⑧

歸命① 普遍諸佛② 阿（除障之種子）③ 有情④ 利益發生⑤ 怛覽怛覽（

除垢入證之義）⑥ 覽覽（除垢之義）⑦ 成就⑧

大隨求菩薩

大隨求菩薩

種子字：（pra）或（vaṃ）或（āḥ）

大隨求菩薩（梵名Mahā-pratisāra），音譯爲摩訶鉢羅底薩落，簡稱爲隨求菩薩，密號與願金剛。此菩薩能隨眾生之祈求而爲其除苦厄、滅惡趣，圓滿眾生之祈求，因此，才有「隨求」之名號。

⊙大隨求菩薩真言

唵① 跋羅跋羅② 三跋羅三跋羅③ 印捺哩野④ 尾戍馱𩕳⑤ 吽吽⑥ 嚕嚕⑦
左黎⑧ 娑縛賀⑨

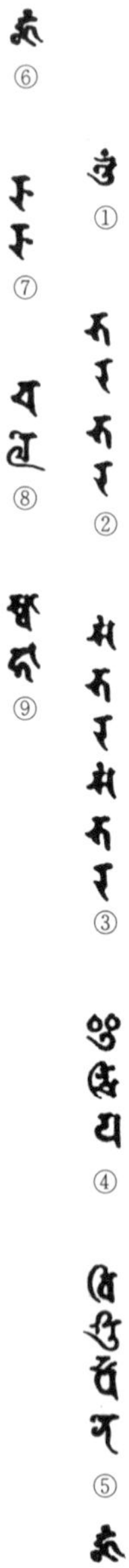

oṃ① bhara-bhara② saṃbhara-saṃbhara③ indriya④ viśuddhane⑤
hūṃ-hūṃ⑥ ru-ru⑦ cale⑧ svāhā⑨

歸命① 保護贊助② 保護者贊助者③ 根④ 淨化⑤ 吽吽（空空。菩提心的
種子）⑥ 嚕嚕（種子。滅除人法二執的塵垢之義）⑦ 變動⑧ 成就⑨

無盡意菩薩

無盡意菩薩

種子字：（jña）

無盡意菩薩（梵名Akṣaya-mati），又稱爲無盡慧菩薩或無量意菩薩。

關於無盡意的名稱，在《大方等大集經》中說：一切諸法之因緣果報名爲無盡意。一切諸法不可盡，意即發菩提心不可盡乃至方便亦無盡。《觀音義疏》卷上則說：凡八十無盡，八十無盡悉能含受一切佛法，由此得名無盡意也。

另外，在《法華經玄贊》卷十〈觀世音普門品〉中說：無盡意菩薩，行六度、四攝等種種妙行，並誓度眾生，等眾生界盡菩薩之意才盡，眾生未盡，菩薩之意也無盡，故而名之。

⊙無盡意菩薩真言

唵① 阿乞叉野② 摩多曳③ 娑嚩賀④

oṁ① akṣaya② mataye③ svāhā④

歸命① 無盡② 意（或作慧）③ 成就④

妙見菩薩

妙見菩薩

種子字：𑖭𑖲（su）或𑖀（a）

妙見菩薩（梵名Sudṛistiḥ），是由北極星示現的菩薩，諸星中之最勝者。又稱尊星王、北辰菩薩、妙見尊星王。此菩薩具有守護國土、消災卻敵、增益福壽等功德，如《七佛八菩薩所說大陀羅尼神咒經》卷二所記載：北辰菩薩名曰妙見，其宣說神咒，擁護諸國土，所作甚奇特，故名曰妙見。處於閻浮提，是眾星中最勝，神仙中之仙，菩薩之大將，諸菩薩之光目，曠濟諸群生。有大神咒名胡捺波，擁護國土，幫助國王消災卻敵。

⊙妙見菩薩真言

奇妙心咒

唵① 蘇濕哩瑟吒② 莎訶③

𑖌𑖼① 𑖭𑖲𑖟𑖴𑖬𑖿𑖘② 𑖭𑖿𑖪𑖯𑖮𑖯③

oṁ① sudṛṣṭa② svāhā③

歸命① 妙見② 成就③

心中心咒

唵① 摩訶室哩曳② 濕吠③ 莎訶④

𑖌𑖼① 𑖦𑖮𑖯𑖫𑖿𑖨𑖰𑖧𑖸② 𑖟𑖸𑖪③ 𑖭𑖿𑖪𑖯𑖮𑖯④

oṁ① mahā-śriye② deva③ svāhā④

歸命① 大吉祥② 天③ 成就④

第四章 觀音部眞言

聖觀音

聖觀音

種子字：स（sa）或 ह्रीः（hrīḥ）

聖觀音（梵名 Avalokiteśvara），一般指的是觀自在菩薩自身，密號爲正法金剛、清淨金剛；在與救度六道配合時，就是救度餓鬼道衆生的主尊。

⊙聖觀自在菩薩真言

唵① 阿嚕力迦② 莎訶③

oṃ① alolika② svāhā③

歸命① 無染著者② 成就③

南麼① 三曼多② 勃馱喃③ 薩婆怛他蘖多④ 阿縛路吉多⑤ 羯嚕儜⑥ 末耶⑦ 囉囉囉⑧ 吽⑨ 闍⑩

namaḥ① samanta② buddhānāṃ③ sarva-tathāgata④ avalo-kita⑤

karuṇa⑥ maya⑦ ra-ra-ra⑧ hūṃ⑨ jaḥ⑩

歸命① 普遍② 諸佛③ 一切如來④ 觀⑤ 悲⑥ 體⑦ 三垢也⑧ 解脫⑨ 從緣生法⑩

世尊陀羅尼(東北方觀自在菩薩印・秘密八印之一)

南麼① 三曼多勃馱喃② 勃馱陀羅尼③ 娑沒嘌底沫羅馱那羯嚟④ 馱囉也薩鑁⑤ 薄伽嚩底⑥ 阿迦囉嚩底⑦ 三麼曳⑧ 莎訶⑨

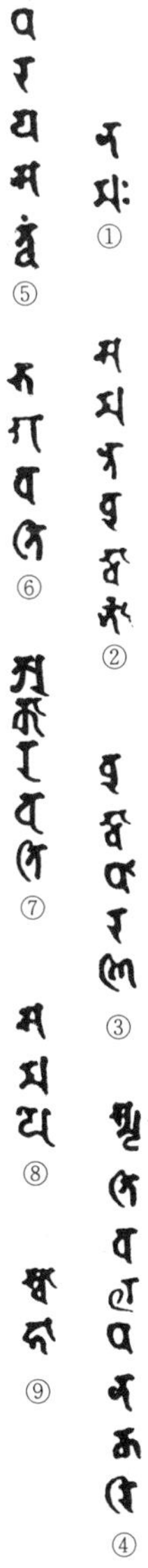

namaḥ① samanta-buddhānāṃ② buddhā-dhāraṇi③ smṛtivala-dhanakari④ dharaya-satvaṃ⑤ bhagavati⑥ akāravati⑦ samaye⑧ svāhā⑨

歸命① 普遍諸佛② 佛總持③ 念力作益④ 持有情⑤ 世尊⑥ 具形相者⑦ 本誓⑧ 成就⑨

千手觀音

千手觀音

種子字：（hrīḥ）或（sa）

千手觀音（梵名 Avalokitesvara-sahasrabhuja-lo-cana），是指具有千手、千眼，每一手掌各有一眼的觀音菩薩，又稱千手千眼觀自在、千手聖觀自在、千光觀自在，或稱千眼千首千足千舌千臂觀自在。

在《千光眼觀自在菩薩祕密法經》中說：「大悲觀自在，具足百千手，其眼亦復然，作世間父母，能施眾生願。」這裏的「千」，是代表無量、圓滿之義。也就是「千手」象徵此觀音大悲利他的方便無量廣大，「千眼」象徵他應物化導時，觀察機根的智慧圓滿無礙。

⊙千手觀音真言

唵① 縛日羅② 達磨③ 紇哩④

oṃ① vajra② dharma③ hrīḥ④

歸命① 金剛② 法③ 紇哩（種子）④

不空羂索觀音

不空羂索觀音

種子字：（mo）或（sa）或（hūṃ）

不空羂索觀音（梵名Amogha-pāśa），全稱爲不空羂索觀世音菩薩；又稱不空王觀世音菩薩、不空廣大明王觀世音菩薩、不空悉地王觀世音菩薩、不空羂索菩薩。

不空羂索菩薩一名中的「不空」（Amogha），是指心願不空之意。「羂索」（pāśa），原是指古代印度在戰爭或狩獵時，捕捉人馬的繩索。以「不空羂索」爲名，是象徵觀世音菩薩以慈悲的羂索，救度化導眾生，其心願不會落空的意思。

◉不空羂索觀音真言

蓮華羂索

唵① 阿謨伽② 跛娜摩③ 播捨④ 矩嚕馱⑤ 羯囉灑野⑥ 鉢囉吠捨野⑦ 摩
訶跛輸跛底⑧ 焰麼⑨ 嚩嚕拏⑩ 矩吠囉⑪ 沒囉憾麼⑫ 吠灑馱囉⑬ 跛那麼矩
攞⑭ 三麼琰⑮ 吽吽⑯

oṁ① amogha② padma③ pāśa④ krodhā⑤ karṣaya⑥ praveśaya⑦
mahā-pacupati⑧ yama⑨ varuṇa⑩ kuvera⑪ brahma⑫ veṣa-dhara⑬
padmakula⑭ samayaṁ⑮ hūṁ hūṁ⑯

歸命① 不空② 蓮華③ 羂索④ 忿怒⑤ 作業⑥ 遍入⑦ 大獸主⑧ 焰麼（

神名）⑨　水天⑩　矩吠囉（神名）⑪　梵天⑫　持被衣⑬　蓮華部⑭　平等⑮　吽吽

（種子）⑯

隨作事成就眞言

唵①　阿慕伽②　毗闍耶③　許泮吒④

oṁ①　amogha②　vijaya③　hūṁ phaṭ④

歸命①　不空②　最勝③　滿願破壞④

秘密小心眞言

唵①　鉢頭摩陀羅②　阿慕伽③　惹野泥④　主嚕主嚕⑤　莎嚩訶⑥

oṁ①　padmadhara②　amogha③　jayane④　śru-śru⑤　svāhā⑥

歸命①　持蓮華②　不空③　勝利④　好形極好形⑤　成就⑥

十一面觀音

十一面觀音

種子字：𑖎（ka）或𑖭（sa）或𑖮𑖿𑖨𑖱𑖾（hrīḥ）

十一面觀音（梵名Ekadasa-mukba），六觀音之一，在六道中主救度阿修羅道的一切眾生，全稱爲十一面觀音菩薩，是觀世音菩薩的化身。其梵名的意譯爲十一最勝，或十一首，有時又稱爲大光普照觀音。由於形像具有十一頭面，所以通稱爲十一面觀音。

◎十一面觀音真言

唵① 摩訶② 迦嚕尼迦③ 娑縛訶④

oṃ① mahā② karuṇikā③ svāhā④

歸命① 大② 悲③ 成就④

唵① 嚕雞② 入縛羅③ 紇哩④

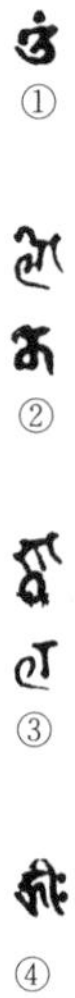

oṃ① loke② jvala③ hrīḥ④

歸命① 世間② 光明③ 紇哩（通種子）④

如意輪觀音

如意輪觀音

種子字：𑖮𑖿𑖨𑖱𑖾（hrīḥ）

如意輪觀音（梵名 Cintāmaṇi-cakra），梵名音譯爲振多摩尼，意譯爲如意珠輪。爲密教如意輪法的本尊。在六觀音或七觀音之中，都有此尊，於六道中是度化天界眾生的觀音。

如意輪觀音一手持如意寶珠，象徵能生世間與出世間的二種財寶，以布施眾生；一手持金輪，象徵能轉動無上妙法以度眾生。

⊙如意輪觀音真言

中咒

唵① 跛娜麼② 振多麼抳③ 入嚩攞④ 吽⑤

oṁ① padma② cintā-maṇi③ jvala④ hūṁ⑤

歸命① 蓮華② 如意寶珠③ 光明④ 吽（摧破之義）⑤

小咒一

唵① 縛羅娜② 跛納銘③ 吽④

oṁ① varaṇa② padme③ hūṁ④

歸命① 與願② 蓮華③ 吽（摧破之義）④

小咒二

唵① 摩尼② 鉢頭迷③ 吽④

① ② ③ ④

oṁ① maṇi② padme③ hūṁ④

歸命① 寶珠② 蓮華③ 吽（摧破之義）④

馬頭觀音

馬頭觀音

種子字：（haṁ）或（khā）或（hūṁ）

馬頭觀音（梵名Hayagrīva），梵名音譯作阿耶揭唎婆、何耶揭唎婆。爲八大明王之一，是胎藏界三部明王中，蓮華部的忿怒持明王。又稱爲馬頭大士、馬頭明王、馬頭金剛明王，俗稱馬頭尊。密號爲噉食金剛、迅速金剛。與《摩訶止觀》中所說六觀音的師子無畏觀音相配，在六道中主畜生道的救度。

馬頭明王以觀音菩薩爲自性身，示現大忿怒形，置馬頭於頂，爲觀世音菩薩的變化身之一。因爲慈悲心重，所以摧滅一切魔障，以大威輪日照破眾生的暗暝，噉食眾生的無明煩惱。

⊙馬頭觀音真言

南麼① 三曼多勃馱喃② 佉那也③ 畔惹④ 娑破吒也⑤ 莎訶⑥

namaḥ① samanta-buddhānāṁ② khadaya③ bhaṁja④ sphaṭya⑤ svāhā⑥

歸命① 普遍諸佛② 噉食③ 打破④ 破盡⑤ 成就⑥

南麼① 三曼多勃馱喃② 吽③ 佉那也④ 畔惹⑤ 娑破吒也⑥ 莎訶⑦

namaḥ① samanta-buddhānāṃ② hūṃ③ khadaya④ bhaṃja⑤ sphaṭya⑥ svāhā⑦

歸命① 普遍諸佛② 吽（種子）③ 噉食④ 打破⑤ 破盡⑥ 成就⑦

唵① 阿蜜哩都納婆嚩② 吽發吒③ 娑嚩訶④

oṃ① amṛtodbhava② hūṃ-phaṭ③ svāhā④

歸命① 甘露發生② 恐怖破壞③ 成就④

准胝觀音

准胝觀音

種子字：（bu）

准胝觀音即準提菩薩（梵名Cundī），又作准提觀音、准提佛母、佛母準提、尊那佛母、七俱胝佛母等。爲六觀音之一，以救度人間衆生爲主，在天台宗又被稱爲天人丈夫觀音。

準提意譯作清淨，是護持佛法，並能爲衆生延壽護命的菩薩。

⊙准胝觀音真言

根本眞言

南無① 颯哆喃三藐三勃陀俱胝南② 怛姪他③ 唵④ 折隸⑤ 主隸⑥ 准提⑦ 莎訶⑧

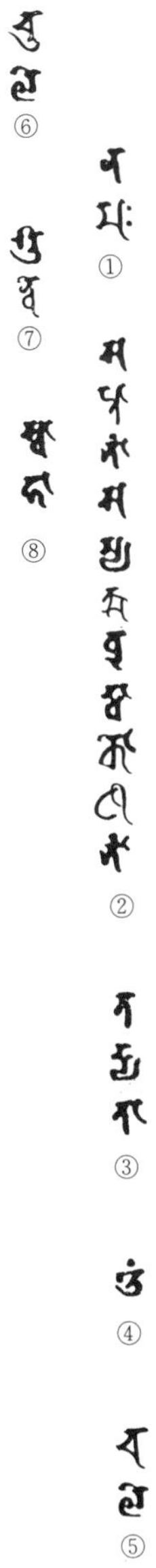

namaḥ① saptānaṃ-samyaksaṃbuddha-koṭīnāṃ② tadyatā③ oṃ④ cale⑤ cule⑥ śundhe⑦ svāhā⑧

歸命① 七千萬正等覺② 即說③ 唵④ 覺動⑤ 起昇⑥ 清淨⑦ 成就⑧

第二根本印

唵① 迦麼黎② 尾麼黎③ 准泥④ 娑嚩賀⑤

oṁ① kamale② vīmale③ śundhe④ svāhā⑤

歸命① 蓮華② 無垢③ 清淨④ 成就⑤

毗俱胝菩薩

毗俱胝菩薩

種子字：（bhṛi）或（trā）

毗俱胝菩薩（梵名Bhṛikutiḥ），梵名音譯爲毗哩俱胝，有蹙眉之意。依《大日經疏》卷十記載：「佛大會中，時諸金剛現大可畏降伏之狀，狀如無有能伏之者。時觀音額皺中現此菩薩，西方謂額上皺文爲毗俱胝，如今人忿時額上有皺也。此菩薩現身作大忿怒之狀，時諸金剛皆生怖心，入金剛藏身中。時彼毗俱胝進至執金剛藏前，時彼亦大怖畏，入如來座下而言：『願佛護我。』時佛謂彼毗俱胝言：『姊汝住。』時毗俱胝知即住已白佛：『唯佛所教勅我當奉行。』爾時諸金剛怖畏亦除，皆大歡喜而作是言：『此大悲者，而能現此大力威猛，甚希有也。』」由此可知毗俱胝菩薩現起的因緣，及其不可思議的大威勢力。

於胎藏曼荼羅中，此菩薩居蓮華部院（觀音院）內。

◉毗俱胝菩薩真言

南麼① 三曼多勃馱喃② 薩婆③ 陪也④ 怛囉散儞⑤ 許許⑥ 薩破吒也⑦ 莎訶⑧

namaḥ① samanta-buddhānāṃ② sarva③ bhaya④ trāsani⑤ hūṃ hūṃ⑥ sphaṭaya⑦ svāhā⑧

歸命① 普遍諸佛② 一切③ 恐怖④ 恐怖⑤ 許許（行・解脫・大空之義）⑥

破壞⑦ 成就⑧

唵① 苾嚗矩胝② 鉢頭米③ 哆囉哆囉④ 吽⑤

① ② ③ ④ ⑤

oṁ① Bhṛkuṭi② padme③ trā trā④ hūṁ⑤

歸命① 苾嚗矩胝（尊名）② 蓮華③ 哆囉哆囉（種子）④ 吽⑤

水月觀音

水月觀音

種子字：（sa）

水月觀音（梵音Tānkaśrī），屬於三十三觀音之一。由於此尊觀音之形像，多與水中之月有關，所以被稱爲水月觀音。

水月觀音，又稱水吉祥觀音，或水吉祥菩薩。這是觀世音一心觀水相的應化身。

⊙水月觀音真言

根本眞言

唵① 尾瑟多② 鉢納摩③ 薩怛縛④ 係多⑤ 娑縛賀⑥

oṁ① viśuddha② padma③ sattva④ keta⑤ svāhā⑥

歸命① 清淨② 蓮華③ 有情④ 希願⑤ 成就⑥

心中心眞言

唵① 鉢納摩② 室利曳③ 娑縛賀④

青頸觀音

𑖌𑖼① 𑖢𑖟𑖿𑖦② 𑖫𑖿𑖨𑖰𑖧𑖸③ 𑖭𑖿𑖪𑖯𑖮𑖯④

oṁ① padma② śriye③ svāhā④

歸命① 蓮華② 吉祥③ 成就④

青頸觀音

種子字：𑖮𑖿𑖨𑖱𑖾（hrīḥ）或𑖭（sa）

青頸觀音（梵名Nilakaṇṭha），梵名音譯爲抳羅健詑、儞攞建制。又稱爲青頸觀自在菩薩。是觀音菩薩化身之一，屬三十三觀音之一。

如果有眾生憶念此觀音，則能遠離怖畏厄難，得以解脫眾苦。以此尊爲本尊，作祈願除病、滅罪、延命等，而修持的祕法，稱爲青頸觀音法。據《青頸大悲念誦儀軌》記載，其身色爲紅白，頸爲青色，代表煩惱即菩提之義。

◎青頸觀音真言

唵① 路計濕縛羅② 邏若③ 頡哩④

oṁ① lokeśvara② rāja③ hrīḥ④

歸命① 世自在② 王③ 頡哩（種子）④

唵① 鉢頭米② 儞攞建制③ 濕縛囉④ 步嚕步嚕⑤ 吽⑥

oṁ① padme② nīla-kaṇṭhe③ śvara④ bhru-bhru⑤ hūṁ⑥

歸命① 蓮花② 青頸③ 自在④ 步嚕步嚕⑤ 吽⑥

葉衣觀音

葉衣觀音

種子字：𑖭（sa）或𑖮𑖳𑖽（hūṃ）

葉衣觀音（梵名Parṇaśavari）是披葉衣的意思。又稱爲葉衣觀自在菩薩、被葉衣觀音、葉衣菩薩。是觀音的變化身之一，三十三觀音之一。因全身裹於蓮葉中，所以稱葉衣觀音。

⊙葉衣觀音真言

唵① 跛哩娜捨嚩哩② 吽發吒③

𑖌𑖼① 𑖢𑖨𑖿𑖜𑖫𑖤𑖨𑖰② 𑖮𑖳𑖽 𑖣𑖘𑖿③

oṁ① parṇaśavari② hūṁ phaṭ③

歸命① 葉衣② 吽發吒（障摧破）③

白衣觀音

白衣觀音

種子字：𑖢𑖽（paṃ）或𑖭（sa）

白衣觀音（梵名Pāṇḍaravāsini），爲三十三觀音之一。梵名音譯作半拏囉嚩悉寧。意譯爲白處、白住處，以此尊常住白蓮華中而名之。在《大日經疏》卷十則說：「白者即是菩提之心，住此菩提之心，即是白住處也。此菩提心從佛境界生，常住此能生諸佛也。此是觀音母，即蓮花部主也。」又稱爲白處尊菩薩、大白衣觀音、服白衣觀音、白衣觀自在母。是令一切苦惱消失、轉不吉爲吉祥的觀音。

⊙白衣觀音真言

南麼① 三曼多勃馱喃② 怛他蘗多微灑也③ 三婆吠④ 鉢曇摩摩履儞⑤ 莎訶⑥

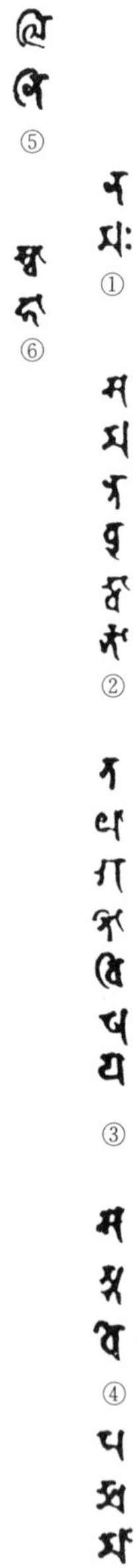

namaḥ① samanta-buddhānāṁ② tathāgata-viṣaya③ sambhave④ padma-mālini⑤ svāhā⑥

歸命① 普遍諸佛② 如來對境③ 生④ 有蓮華鬘者⑤ 成就⑥

楊柳觀音（藥王觀音）

楊柳觀音（藥王觀音）

種子字：ᛉ（sa）

楊柳觀音又稱爲藥王觀音，以觀音菩薩爲了利益眾生，乃隨順眾生的願望而示現，就如同楊柳隨風飄蕩而不違逆一樣，因此而得名。若有修楊柳枝藥法者，亦可消除種種病難。爲三十三觀音之一。

⊙楊柳觀音真言

唵① 縛日羅達磨② 陛殺爾耶③ 羅惹耶④ 娑縛賀⑤

oṁ① vajra-dharma② bhaiṣajya③ rājāya④ svāhā⑤

歸命① 金剛法② 藥③ 王④ 成就⑤

多羅菩薩（度母）

多羅菩薩（度母）

種子字：（tā）或（tra）或（taṁ）

多羅菩薩（梵名Tārā），爲觀世音菩薩的化身，又稱爲聖多羅菩薩、多羅尊、多羅尊觀音、救度母、聖救度佛母。意譯作眼、極度、救度，所以略稱爲「度母」。爲三十三觀音之一。

依據《大方廣曼殊室利經》〈觀自在菩薩授記品〉中所載，觀自在菩薩住普光明多羅三昧，以三昧力，自眼中放大光明，多羅菩薩即從光明中生，爲妙女形，以清涼光明普照眾生，憐憫眾生猶如慈母，誓度彼等脫離生死苦海。

◎多羅菩薩真言

南麼① 三曼多② 勃馱喃③ 多隸④ 多利尼⑤ 迦嚧拏⑥ 嗢婆嚩⑦ 莎訶⑧

namaḥ① samanta② buddhānāṃ③ tāre④ tāriṇi⑤ karuṇa⑥ udbhava⑦ svāhā⑧

歸命① 普遍② 諸佛③ 多隸（尊名）④ 渡⑤ 悲⑥ 生⑦ 成就⑧

唵① 鉢娜麼② 多梨③ 吽④

oṁ① padma② tāre③ hūṁ④

歸命① 蓮華② 多梨（尊名）③ 吽（種子）④

第五章 明王部眞言

不動明王

不動明王

種子字：（hmmāṃ）或（hāṃ）或（hūṃ）

不動明王（梵名Acalanātha），五大明王之一或八大明王之一，又稱不動金剛明王、無動尊，密號爲常住金剛。

依《大日經疏》卷五所敍，不動尊雖久已成佛，但以三昧耶本誓願故，示現奴僕三昧，爲如來僮僕執作眾務，所以又名不動使者、無動使者，受行者的殘食供養，常晝夜擁護行者，令成滿菩提。其通常被視爲是大日如來的應化身，受如來的教命，示現忿怒相，常住火生三昧，焚燒內外障難及諸穢垢，摧滅一切魔軍冤敵。

在《勝軍不動軌》中記載，本尊的誓願爲「見我身者，得菩提心；聞我名者，斷惑修善；聞我說者，得大智慧；知我心者，即身成佛。」由此可見不動明王的廣大悲願一斑。

⊙不動明王真言

大咒（火界咒）

曩莫① 薩縛② 怛他蘗帝毗藥③ 薩縛目契毗藥④ 薩縛他⑤ 怛羅吒⑥ 贊

拏⑦ 摩訶路灑拏⑧ 欠⑨ 佉呬法呬⑩ 薩縛尾覲南⑪ 吽⑫ 怛羅吒⑬ 憾鋡⑭

namaḥ① sarva② tathāgatebhyaḥ③ sarva-mukhebhyaḥ④ sarvathā⑤
traṭ⑥ caṇḍa⑦ mahā-roṣaṇa⑧ khaṁ⑨ khahi-khahi⑩ sarva-vighnaṁ⑪
hūṁ⑫ traṭ⑬ hāṁ māṁ⑭

歸命① 一切② 諸如來③ 一切諸而門④ 一切處⑤ 怛羅吒（叱呵破障）⑥
暴惡⑦ 大忿怒⑧ 欠（空）⑨ 噉食噉食⑩ 一切障礙⑪ 吽（摧破之義）⑫ 怛
羅吒（叱呵破障）⑬ 憾鋡⑭

中咒（慈救咒）

曩莫① 三曼多縛日羅赧② 戰拏③ 摩訶路灑拏④ 薩頗吒也⑤ 吽⑥ 怛羅
迦⑦ 悍漫⑧

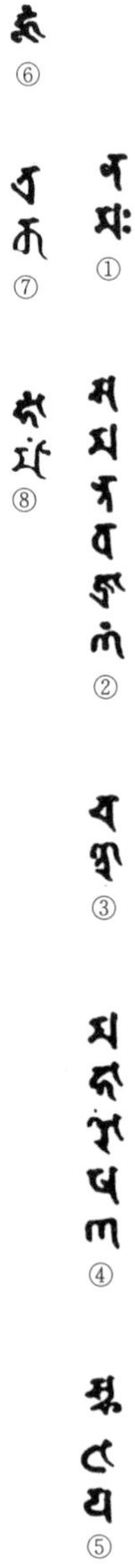

namaḥ① samanta-vajrāṇāṁ② caṇḍa③ mahā-roṣaṇa④ sphaṭaya⑤ hūṁ⑥ traka⑦ hāṁ māṁ⑧

歸命① 普遍諸金剛② 暴惡③ 大忿怒④ 破壞⑤ 吽（恐怖之義）⑥ 堅固⑦ 悍漫（種子）⑧

小咒

南麼① 三曼多伐折囉赧② 悍③

namaḥ① samanta-vajrāṇāṁ② hāṁ③

歸命① 普遍諸金剛② 悍（種子）③

施食眞言

曩莫① 三曼多縛日羅赧② 怛羅吒③ 阿謨伽④ 戰拏⑤ 摩賀路灑儜⑥ 娑頗吒野⑦ 吽⑧ 怛羅麼野⑨ 吽⑩ 怛羅吒⑪ 唅鋡⑫

namaḥ① samanta-vajrāṇāṁ② traṭ③ amogha④ caṇḍa⑤ mahā-roṣaṇa⑥ sphaṭaya⑦ hūṁ⑧ tramaya⑨ hūṁ⑩ traṭ⑪ hāṁ māṁ⑫

歸命① 普遍諸金剛② 怛羅吒（殘害破障之義）③ 不空④ 暴惡⑤ 大忿怒⑥ 破壞⑦ 吽（恐怖之義）⑧ 堅固⑨ 吽⑩ 怛羅吒（殘害破障之義）⑪ 唅鋡（種子）⑫

愛染明王

愛染明王

種子字：（hūṃ）或（hhūṃ）或（hoḥ）

愛染明王（梵王 Rāga-rāja），密教本尊之一。漢譯有羅誐羅闍、愛染王等名。rāga 一詞，原義是彩色、情欲的意思。所以在密教裏，此尊爲「愛欲貪染即淨菩提心」的象徵，故名愛染明王。而 rāja 又含有赤色的意義，因此，此尊多以全身赤色來表示他的懷愛的特德。

⊙愛染明王真言

通咒

唵① 摩賀羅誐② 縛日路瑟抳灑③ 縛日羅薩埵縛④ 弱⑤ 吽⑥ 鑁⑦ 穀⑧

oṁ① mahārāga② vajroṣṇīṣa③ vajrasattva④ jaḥ⑤ hūṁ⑥ baṅ⑦ hoḥ⑧

歸命① 大愛染② 金剛頂③ 金剛有情④ 鉤召⑤ 引入⑥ 縛住⑦ 歡喜⑧

成就一字心明

唵① 吽② 悉底③ 娑縛賀⑤

oṁ① huṁ② siddhi③ svāhā⑤

歸命① 引入② 成就③ 成就⑤

大威德明王

大威德明王

種子字：（hrīḥ）或（ṣṭri）或（hūṃ）或（maṃ）

大威德明王（梵名Yamāntaka），音譯爲閻曼德迦，意爲摧殺閻魔者，故別號降閻摩尊；密號爲威德金剛。又稱作大威德尊、六足尊。爲五大明王或八大明王之一。若擬配五佛，則爲無量壽佛的教令輪身，亦可視爲文殊菩薩的化現。

在西藏密宗中，大威德金剛是無上密最高的本尊之一。與此尊有關的密法很多，主要的作用是在除魔與對治閻羅死魔等，是無上瑜伽部中，即身成就的主尊。以大威德明王爲本尊的修法，在日本密教中也不算少。通常都用在戰爭時祈求勝利，及調伏惡人等。

⊙大威德明王真言

大心眞言

唵① 紇哩② 瑟置哩③ 尾訖哩多娜曩④ 吽⑤ 薩縛⑥ 設咄論⑦ 曩捨野⑧
塞擔婆野塞擔婆野⑨ 娑頗吒娑頗吒⑩ 娑縛賀⑪

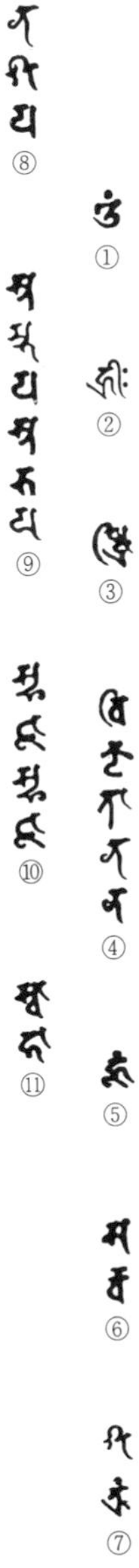

oṁ① hrīḥ② ṣṭri③ vikṛtānana④ hūṁ⑤ sarva⑥ śatruṁ⑦ naśaya⑧
stambhaya-stambhaya⑨ sphaṭ-sphaṭ⑩ svāhā⑪

歸命① 紇哩（種子）② 瑟置哩（種子）③ 醜面④ 恐怖⑤ 一切⑥ 仇敵⑦
消去⑧ 禁止禁止⑨ 摧壞摧壞⑩ 成就⑪

心中心眞言（隨心眞言）

唵① 瑟置哩② 迦攞③ 嚕跛④ 吽⑤ 欠⑥ 娑縛賀⑦

oṁ① ṣṭri② kāla③ rūpa④ hūṁ⑤ khaṁ⑥ svāhā⑦

歸命① 瑟置哩（種子）② 黑③ 色④ 吽（恐怖）⑤ 欠（幸福）⑥ 成就⑦

孔雀明王

孔雀明王

種子字：（ma）或（yu）

孔雀明王（梵名Mahā-mayūrā-vidya-rājñī），密教本尊之一。漢譯有摩訶摩瑜利羅闍、佛母大孔雀明王等名，簡稱孔雀明王。據密教相傳，此明王是毗盧遮那如來的等流身，具有攝取、折伏二德。

一般明王多現忿怒像，而此一明王則形像莊嚴、慈藹可親，一般尊形多以金色孔雀王爲坐騎，上敷青蓮或白蓮座。一面四臂，四臂之持物中，蓮華代表敬愛，俱緣果代表調伏，吉祥果代表增益，孔雀尾表示息災。白蓮座表示攝取慈悲的本誓，青蓮座代表降伏之意。

⊙孔雀明王真言

唵① 摩庾羅訖蘭帝② 娑縛訶③

oṁ① mayūrā krānte② svāhā③

歸命① 孔雀不能超② 成就③

無能勝明王

無能勝明王

種子字：ꣿ（dhriṃ）或 अ（a）

無能勝明王（梵名 Aparājitaḥ），音譯阿波羅爾多，又稱無能勝菩薩。無能勝即不可破壞的意思。為密教八大明王之一。傳說是釋迦牟尼佛的化身，或說是地藏菩薩的化身。

此明王乃釋迦牟尼佛於菩提樹下成道時，以明咒力降服魔軍，退治障礙之尊。《無能勝大明陀羅尼經》說其本誓及明咒，是代表佛成道降魔之德。密號勝妙金剛。

⊙無能勝明王真言

南麼① 三曼多勃馱喃② 地唛地唛③ 唛唛④ 駟唛駟唛⑤ 莎訶⑥

namaḥ① samanta-buddhānāṁ② dhriṁ dhriṁ③ riṁ riṁ④ jriṁ jriṁ⑤ svāhā⑥

歸命① 普遍諸佛② 法界塵障諸垢之義③ 解放（極破塵障之義）④ 三昧⑤ 成就⑥

降三世明王

降三世明王

種子字：（huṃ）或（a）

降三世明王（梵名 Trailokya-vijaya），漢譯有勝三世、聖三世、月黶尊、金剛摧破者，忿怒持明王尊等名。是密教五大明王之一，爲東方阿閦佛的教令輪身（忿怒身）。由於他能降伏眾生三世的貪瞋癡，及三界之主——大自在天，所以名爲降三世。

依密教所傳，修習降三世明王法的主要功能是調伏，尤其是降伏天魔，如果持誦此一明王的真言，則無量無邊魔界立刻會苦惱熱病。凡有意干擾修行者的諸魔眷屬，聽到此一明王的真言時，不但都不能繼續作障，而且反而成爲修行者的僕從。修習此一明王法，還能獲得打勝仗、除病、得人敬愛等功德。

◎降三世明王真言

唵① 蘇婆② 儞蘇婆③ 吽④ 蘖哩訶拏⑤ 蘖哩訶拏⑥ 吽⑦ 蘖哩訶拏⑧
播野⑨ 吽⑩ 阿曩野⑪ 斛⑫ 婆誐鑁⑬ 縛日羅⑭ 吽發吒⑮

oṁ① sumbha② nisumbha③ hūṁ④ grihnā⑤ grihnā⑥ hūṁ⑦ grihnā⑧
paya⑨ hūṁ⑩ ānaya⑪ ho⑫ bhagavāṁ⑬ vajra⑭ hūṁ-phaṭ⑮

歸命① 蘇婆② 儞蘇婆③ 摧破④ 捕捉⑤ 捕捉⑥ 摧破⑦ 捕捉⑧ 行去⑨
摧破⑩ 捉來⑪ 呼⑫ 世尊⑬ 金剛⑭ 破壞⑮

烏樞沙摩明王（穢跡金剛）

烏樞沙摩明王（穢跡金剛）

種子字：ཧཱུྃ（hūṃ）

烏樞沙摩明王（梵名 Ucchuṣma），又作烏蒭沙摩明王、烏樞瑟摩明王、烏素沙摩明王；亦稱穢跡金剛、火頭金剛、不淨金剛、受觸金剛、穢積金剛、不壞金剛、除穢忿怒尊等。是密教及禪宗所奉祀的忿怒尊之一，爲北方羯磨部的教令輪身。

⊙烏樞沙摩明王真言

根本真言

唵① 吽② 發吒發吒發吒③ 鄔仡羅④ 戍攞播寧⑤ 吽吽吽發吒發吒發吒⑥
唵⑦ 擾羝⑧ 寧囉曩娜⑨ 吽吽吽發吒發吒發吒唵唵唵⑩ 摩訶麼攞⑪ 娑縛訶⑫

oṃ① hūṃ② phaṭ pha phaṭ③ ugra④ śūlapāṇi⑤ hūṃ hūṃ hūṃ phaṭ
phaphaṭ⑥ oṃ⑦ dūti⑧ nirnada⑨ hūṃ hūṃ hūṃ phaṭ pha phaṭ oṃ oṃ oṃ⑩
mahābala⑪ svāhā⑫

歸命① 吽② 發吒發吒發吒③ 強力④ 持鉾者⑤ 吽吽吽發吒發吒發吒⑥
歸命⑦ 使者⑧ 無聲譽⑨ 吽吽吽發吒發吒發吒 歸命 歸命 歸命⑩ 大力⑪
成就⑫

大心眞言

唵① 縛日羅② 俱嚕馱③ 摩訶麼攞④ 訶曩娜訶跛者⑤ 尾馱望⑥ 烏樞瑟麼⑦ 俱嚕馱吽泮吒⑧

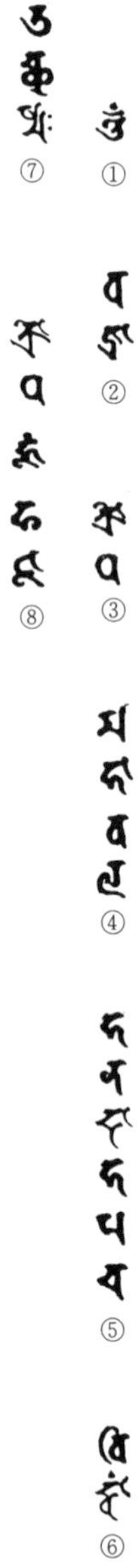

oṁ① vajra② krodha③ mahā bala④ hānadahapaca⑤ vidvān⑥ Ucchu=ṣmaḥ⑦ krodha hūṁ phaṭ⑧

歸命① 金剛② 忿怒③ 大力④ 燒棄⑤ 有智⑥ 烏樞瑟摩王⑦ 忿怒破壞⑧

解穢眞言

唵① 修利摩利② 摩摩利摩利③ 修修利④ 莎訶⑤（《陀羅尼集經》九）

oṁ① śrīmali② mamali mali③ suśrī④ svāhā⑤

歸命① 吉祥保持② 幸福保持保持③ 華麗吉祥④ 成就⑤

軍荼利明王

軍荼利明王

種子字：（a hūṃ hūṃ）

軍荼利明王（梵名Kundah），音譯爲軍荼利，意譯爲瓶。在密教裏，瓶是甘露的象徵，所以又譯作甘露軍荼利。是密教五大明王之一，爲南方寶生佛的教令輪身（忿怒身）。

軍荼利明王是以慈悲方便，成證大威日輪以照耀修行者。並流注甘露水，以洗滌眾生的心地，因此又稱爲甘露軍荼利明王（Amṛiti-Kuṇḍli，阿密利帝明王）。此外，因爲示現忿怒像，形貌又似夜叉身，所以也稱爲軍荼利夜叉明王（

Kuṇḍalī-yakṣas）。另外，也有說其為「大笑明王」的異稱。

軍荼利明王法多用在調伏，或息災、增益方面。如果修行者每天在食時、未食前，供出少分食物，然後念誦軍荼利明王心咒七遍，則不論在任何地方，都會得到明王的加護。此外，軍荼利真言也往往可用來作修持其他密法的輔助，或作加持供物之用。

◎軍荼利明王真言

曩謨① 羅怛曩怛羅夜也② 曩麼③ 室戰拏④ 摩訶縛日羅俱路駄也⑤ 唵⑥
戶嚕⑦ 戶嚕⑧ 底瑟吒⑨ 底瑟吒⑩ 滿駄⑪ 滿駄⑫ 賀曩⑬ 賀曩⑭ 阿蜜哩帝⑮
吽⑯ 發吒⑰ 娑縛訶⑱

namo① ratna-trayāya② nama-③ aścaṇḍa④ mahā-vajra-krodhāya⑤

oṃ⑥ huru⑦ huru⑧ tiṣṭha⑨ tiṣṭha⑩ bandha⑪ bandha⑫ hana⑬ hana⑭ amṛte⑮ hūṃ⑯ phaṭ⑰ svāhā⑱

歸命① 三寶② 歸命③ 暴惡④ 大金剛忿怒⑤ 歸命⑥ 速疾⑦ 速疾⑧ 安住⑨ 安住⑩ 繫縛⑪ 繫縛⑫ 殺害⑬ 殺害⑭ 甘露⑮ 忿⑯ 摧破⑰ 成就⑱

⊙大笑明王真言

唵① 縛日羅吒賀娑野② 吽泮吒③

𑖌𑖼① 𑖪𑖕𑖿𑖨𑖯𑖘𑖿𑖘𑖮𑖯𑖭𑖯𑖧② 𑖮𑖳𑖽 𑖣𑖘𑖿③

oṃ① vajrāṭṭahāsāya② hūṃ phaṭ③

歸命① 金剛大笑之爲② 忿怒摧破③

大輪明王

大輪明王

種子字：𑖮𑖳𑖽（hūṃ）

大輪明王（梵名 Mahā-cakra），又作大輪金剛。據《大妙金剛經》所載，此明王乃慈氏菩薩示現之忿怒身，是以消除一切業障及越法罪，以成就清淨圓滿戒品爲本誓之明王。爲密教八大明王之一。

⊙大輪明王真言

唵① 嚩日羅② 作訖羅③ 吽④

隨心金剛

①　②　③　④

oṁ①　vajra②　cakra③　hūṁ④

歸命①　金剛②　輪寶③　吽（種子）④

隨心金剛

種子字：（hūṁ）

隨心金剛（梵名 Vajra-kelikilaḥ），又稱爲金剛藏隨心，吉利枳羅，乃金剛部之忿怒身，爲降伏諸夜叉之尊。

⊙隨心金剛真言

唵① 枳利枳利② 跋折囉③ 摩羅耶④ 雞利繫羅耶⑤ 莎訶⑥

① ② ③ ④ ⑤ ⑥

oṁ① kiri-kiri② vajra③ mālaya④ Kelikilāya⑤ svāhā⑥

歸命① 禁罰② 金剛③ 魔④ 雞利繫羅耶（尊名）⑤ 成就⑥

大勝金剛

大勝金剛

種子字：（hūṁ）或（vaṁ）

大勝金剛爲總攝密教金剛界三十七尊之菩薩。此尊一身兼具三十七尊之妙用，頂上放金剛威怒光明。於三世三界中，僅此尊能摧諸佛頂，以疾速成就大悉地。

⊙大勝金剛真言

唵① 摩訶② 縛日羅瑟抳灑③ 吽怛落纈利惡④ 吽⑤

oṁ① mahā② vajroṣṇiṣa③ hūṁ-trāḥ-hrīḥ-aḥ④ hūṁ⑤

歸命① 大勝② 金剛頂③ 吽．怛落．纈利．惡（四智四佛的種子）④ 吽（種子）⑤

唵① 縛日羅句捨② 冒地止多③ 吽④

oṁ① vajrakośa② bodhicitta③ hūṁ④

歸命① 金剛藏② 菩提心③ 吽（種子）④

第六章 天龍八部及諸眷屬眞言

天

天（梵名 deva），梵名音譯爲提婆，意譯作天、天界、天道、天有、天趣等詞。指六道之中，業報最殊勝的衆生，或指其所居住的世界。梵語 deva，是 div（意爲放光）的名詞形，有「天上者」或「尊貴者」的意思。通常用來指稱天界衆生，或一般所謂的神祇，或指彼等所居住的處所。

⊙諸天（普世天）真言

南麼①三曼多②勃馱喃③路迦路迦④羯囉也⑤薩婆⑥提婆⑦那伽⑧藥吃沙⑨健達婆⑩阿蘇羅⑪蘖嚕荼⑫緊捺羅⑬摩護囉伽⑭儞⑮訶嘌捺耶⑯甯夜⑰羯履灑也⑱微質怛囉蘖底⑲莎訶⑳

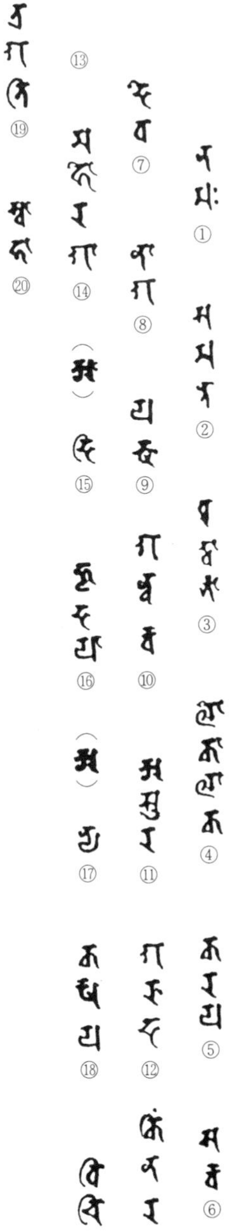

namaḥ① samanta② buddhānāṃ③ loka-loka④ karaya⑤ sarva⑥ deva⑦ nāga⑧ yakṣa⑨ gandharva⑩ asura⑪ garuḍa⑫ kiṃnara⑬ mahoraga-⑭ adi⑮ kṛdaya-⑯ anya⑰ karṣaya⑱ vicitra-gati⑲ svāhā⑳

歸命① 普遍② 諸佛③ 暗無暗（世間無世間）④ 作明⑤ 一切⑥ 天⑦ 龍⑧ 夜叉⑨ 健達婆⑩ 阿修羅⑪ 妙翅鳥⑫ 歌神⑬ 大蟒神⑭ 等⑮ 心⑯ 他⑰ 引攝⑱

種種行⑲　成就⑳

毗沙門天

毗沙門天

種子字：𑖪𑖺（vai）

毗沙門天（梵名 Vaiśravaṇa），又稱作多聞天。爲四大天王、八方天或十二天之一，率領夜叉、羅剎等二神眾，守護閻浮提北方及其餘三門。居於須彌山第四層北面。由於時常守護道場、聽聞佛法，故稱多聞，有時亦被視爲戰勝之神而受到尊崇。又因能賜予福德，所以也是七福神之一。

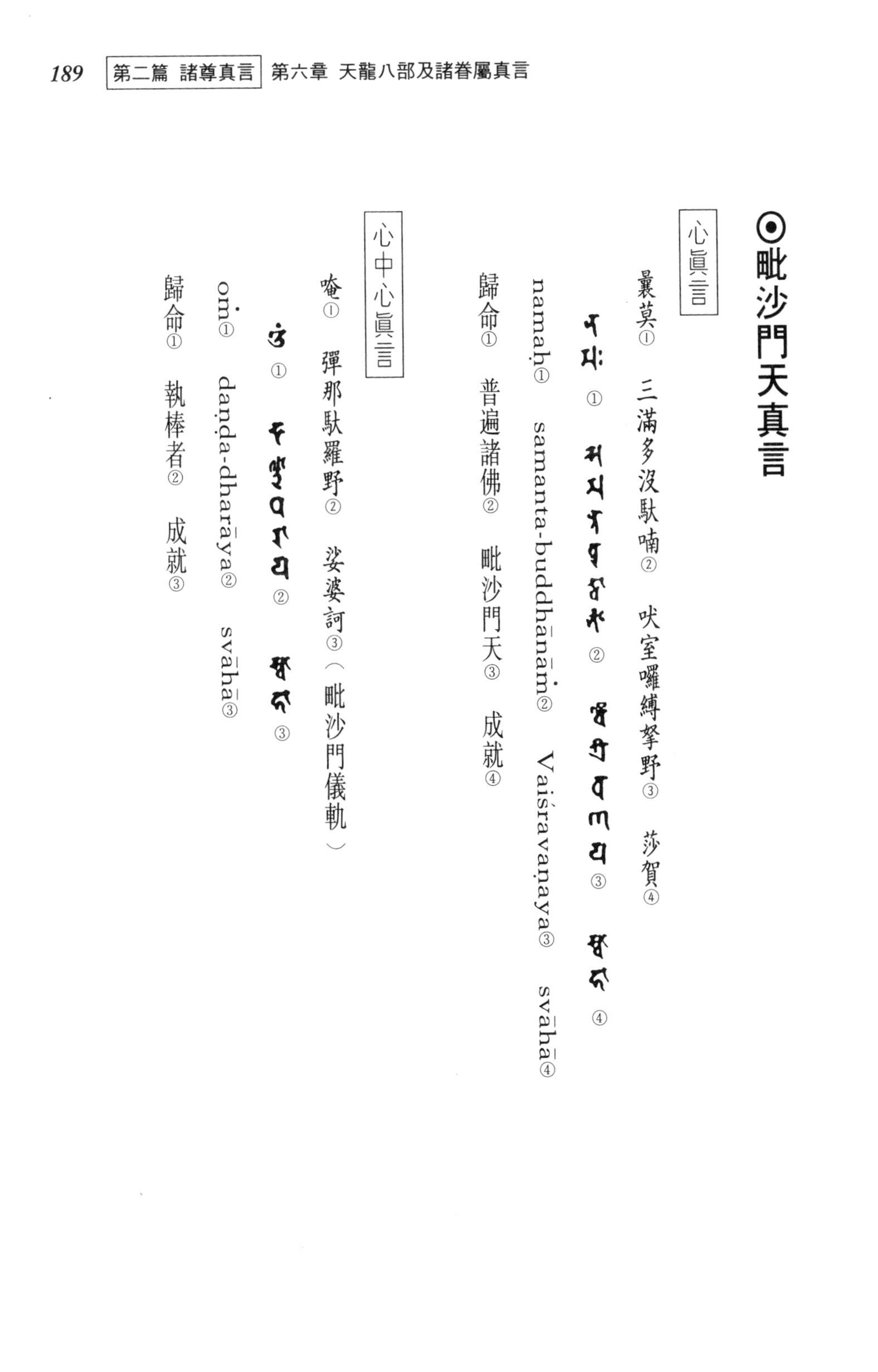

◎毗沙門天真言

心真言

曩莫① 三滿多沒馱喃② 吠室囉縛拏野③ 莎賀④

namaḥ① samanta-buddhānāṃ② Vaiśravaṇaya③ svāhā④

歸命① 普遍諸佛② 毗沙門天③ 成就④

心中心真言

唵① 彈那馱羅野② 娑婆訶③（毗沙門儀軌）

oṃ① daṇḍa-dharāya② svāhā③

歸命① 執棒者② 成就③

毗沙門二十八使者眞言

南謨① 吠室囉拔那耶② 摩訶③ 藥揭叉④ 細那⑤ 拔馱耶⑥ 唵⑦ 薩縛⑧
羯囉那⑨ 尾戍達儜⑩ 莎嚩訶⑪

namo① vaiśravaṇaya② mahā③ yakṣa④ senā⑤ vadhaya⑥ oṁ⑦
sarva⑧ karaṇa⑨ viśodane⑩ svāhā⑪

歸命① 多聞② 大③ 鬼神④ 軍⑤ 勝者⑥ 唵（供養）⑦ 一切⑧ 造作⑨
作淨⑩ 成就⑪

增長天

增長天

種子字：（vi）

增長天（梵名 Virūḍhaka），梵名音譯作毗嚕陀迦，又稱作毗留多天、毗樓勒天、毗樓勒叉天。爲四大天王及十二天之一，同時也是十六善神之一，又稱爲南方天。

此天率領鳩槃荼、薜荔多等鬼神，守護於南方，常時觀察閻浮提之眾生，能折伏邪惡，增長善根，爲護法之善神。

◉增長天真言

嗡① 毗嚕陀迦② 藥叉③ 地波跢曳④ 莎賀⑤

𑖌𑖼① 𑖪𑖰𑖨𑖳𑖚𑖎② 𑖧𑖎𑖿𑖬③ 𑖠𑖰𑖢𑖝𑖧𑖸④ 𑖭𑖿𑖪𑖯𑖮𑖯⑤

oṃ① virūḍhaka② yakṣa③ dhipataye④ svāhā⑤

歸命① 增長② 勇健③ 領主④ 成就⑤

廣目天

廣目天

種子字：𑖪𑖰（vi）

廣目天（梵名 Virūpākṣa），梵名音譯作鼻溜波阿叉、毗樓婆叉、毗嚕博叉。又稱作醜目天、雜語主天，或非好報天。為四大天王及十六善神之一。此天住於須彌山西面半腹，乃守護西方之護法善神，及諸龍之王，又稱西方天。其常以淨天眼觀察閻浮提之眾生，司掌處罰惡人，令起道心。

◎廣目天真言

唵① 毗嚕博叉② 那伽③ 地波跢曳④ 莎訶⑤（《陀羅尼集經》）

oṃ① virūpākṣa② nāga③ dhipatāye④ svāhā⑤

歸命① 廣目② 龍③ 領主④ 成就⑤

大黑天

大黑天

種子字：𑖦（ma）

大黑天（梵名Mahākāla），梵名音譯作摩訶迦羅或嘛哈噶拉。又稱作大黑神、大黑天神或摩訶迦羅天。具有戰鬥神、財福神及冥府神等性格。

⊙大黑天真言

唵① 摩訶迦羅耶② 娑縛賀③

𑖌𑖼① 𑖦𑖮𑖯𑖎𑖯𑖩𑖯𑖧② 𑖭𑖿𑖪𑖯𑖮𑖯③

oṁ① mahā-kālaya② svāhā③

歸命① 大黑② 成就③

唵① 蜜止蜜止② 舍婆隸③ 多羅羯帝④ 娑縛訶⑤（大黑天神法）

oṁ① micch-micch② śvare③ taragate④ svāhā⑤

歸命① 降伏② 自在③ 救度④ 成就⑤

帝釋天

帝釋天

種子字：𑖫（śa）或𑖧（yu）

帝釋天（梵名Śakra, Devanam-indra），又稱為釋迦提桓因陀羅，略稱作釋提桓因、釋迦提婆。又有天帝釋、天主、因陀羅、憍尸迦、娑婆婆、千眼等種種異稱。依據經論記載，帝釋天原為摩伽陀國之婆羅門，由於修布施等福德，遂生忉利天，且成為三十三天之天主。

⊙帝釋天真言

南麼① 三曼多勃馱喃② 鑠吃囉也③ 莎訶④

namaḥ① samanta-buddhānāṁ② śakrāya③ svāhā④

歸命① 普遍諸佛② 鑠吃羅也（帝釋天的梵名）③ 成就④

唵① 印捺羅也② 沙縛賀③（十二天軌等）

oṁ① Indrāya② svāhā③

歸命① 印捺羅也（帝釋天之稱）② 成就③

唵① 縛日羅② 庚馱③（賢劫十六尊軌）

oṁ① vajra② yuda③

歸命① 金剛② 武（鬥戰）③

大梵天

大梵天

種子字：（pra）或（bra）或（mai）

大梵天（梵名Brahmā），梵名音譯爲婆羅賀摩，意譯作清淨、離欲。爲婆羅門教、印度教之創造神。佛教將其列爲色界之初禪天。

梵天又分爲三天，即梵眾天（梵Brahma-pāriṣadya）、梵輔天（梵Brahma-purohita）與大梵天（梵Mahā-brahman），總稱爲梵天。其中，大梵天王統御梵眾之人民、梵輔之輔弼臣。密教將其列爲十二天之一，守護上方。爲觀音二十八部眾之一。

通常所謂「梵天」，大都指大梵天王，又稱梵王、尸棄（梵Śikhin）或世主。印度古傳說中，爲劫初時從光音天下生，造作萬物。在佛教中則視之與帝釋天同爲佛教之護法神。

◎梵天真言

南麼① 三曼多勃馱喃② 鉢羅闍③ 鉢多曳④ 娑縛訶⑤

namaḥ① samanta-buddhānāṃ② prajā③ pataye④ svāhā⑤

歸命① 普遍諸佛② 一切生③ 主④ 成就⑤

大自在天

大自在天

種子字：𑖦（ma）或𑖨𑖲（ru）

大自在天（梵名Maheśvara），音譯作摩醯首羅，又作自在天、自在天王、天主。傳說爲嚕捺羅天（梵Rudra）之忿怒身，因其居住地之不同，又有商羯羅（梵Śaṃkara）或伊舍那（梵Īśāna）等之異名。

此天原爲婆羅門教之主神濕婆，然進入佛教後，即成爲佛教之守護神，稱爲大自在天，住在第四禪天，有大威力，能知大千世界雨滴之數，獨尊於色界。

⊙大自在天真言

唵① 翳係曳呬② 摩系濕嚩囉野③ 娑嚩賀④

① ② ③ ④

oṁ① ehyehi② maheśvarāya③ svāhā④

歸命① 請召② 摩系濕嚩囉野（大自在天之梵名）③ 成就④

歡喜天

歡喜天

種子字：（gaḥ）

歡喜天（梵名 Nandikeśvara），乃歡喜自在之義，全名爲大聖歡喜自在天（梵名 Mahārya-nandikeśvara）。又作歡喜自在天、難提自在天；略稱作聖天、天尊。

歡喜天爲印度教濕婆神與波羅和底（或稱作烏摩）之子，尊形爲象頭人身。與其兄弟塞犍陀共統轄其父大自在天之眷屬，所以在佛教又稱之爲俄那鉢底（梵 Gaṇa-pati），意譯爲軍隊，也就是大自在天眷屬之將的意思。俄那鉢底，其意又有障礙他之事業或排除諸種障礙之力用，所以又名毗那夜迦（梵 Vighnāyaka），乃障礙或排礙之義。

⊙歡喜天（聖天）真言

大咒

曩謨① 尾那翼迦瀉② 賀悉底母佉瀉③ 怛儞野他④ 唵⑤ 娜翼迦娜翼迦⑥ 尾娜翼迦尾娜翼迦⑦ 怛羅翼迦⑧ 籛哩怛羅翼迦⑨ 餉佉賀悉底⑩ 餉佉⑪ 迦只多⑫ 娑縛賀⑬

namo① vināyakasya② hastimukhasya③ tadyathā④ oṁ⑤ nayaka-nayaka⑥ vināyaka-vināyaka⑦ trāyaka⑧ pṛtrayaka⑨ ca-mukha-hasti⑩ ca-mukha⑪ kacita⑫ svāhā⑬

歸命① 障者的② 象面的③ 即說④ 歸命⑤ 誘導支配者⑥ 障者誘移者⑦ 救護者⑧ 殊勝救者⑨ 及面象⑩ 及面⑪ 福聚⑫ 成就⑬

心咒

唵① 儗哩② 虐③ 娑縛賀④

oṁ① hrīḥ② gaḥ③ svāhā④

歸命① 儗哩（觀音種子）② 虐（歡喜天種子）③ 成就④

兜率天

兜率天

種子字：（tu）

兜率天（梵名Tuṣita），為欲界六天之第四天，位夜摩天與樂變化天之間，在虛空密雲之上，縱廣八萬由旬。此天有內外兩院，兜率內院為一生補處菩薩的居處，彌勒菩薩現正在此宣說佛法。外院屬欲界天，為天眾之所居，享受欲樂。

◉兜率天真言

都史帝弊① 莎訶②

𑖝𑖲𑖬𑖰𑖝𑖸𑖥𑖿𑖧𑖾① 𑖭𑖿𑖪𑖯𑖮𑖯②

tuṣitebhyaḥ① svāhā②

覩率眾① 成就②

辯才天

辯才天

種子字：𑖭（sa）或𑖭𑖲（su）

辯才天（梵名Sarasvatī），原古代印度婆羅門教、印度教之文藝女神。音譯作薩囉薩伐底、娑羅室伐底。又作大辯天、大辯才天女、大辯才功德天、大聖辯才天神、妙音天、美音天，略稱辯天。在梨俱吠陀中，彼為一河及河川神之名字，能除人之穢，予人財富、子孫、勇敢。

於胎藏界曼荼羅中，此天位於外金剛部院西方。

◎辯才天真言

南麼① 三曼多勃馱喃② 薩囉薩伐底曳③ 莎賀④（《大日經》〈真言藏品〉）

namaḥ① samanta-buddhānāṃ② sarasvatiye③ svāhā④

歸命① 普遍諸佛② 辯才③ 成就④

曩謨① 薩囉酸底② 莫訶提鼻裔③ 莎訶④（《最勝王經》）

namaḥ① sarasvatī② mahā-deviye③ svāhā④

歸命① 辯才② 大天女③ 成就④

唵① 摩訶提婆布怛羅② 却吒旁伽③ 賀悉跢曳④ 莎訶⑤（《陀羅尼集經》）

𑖌𑖼① 𑖦𑖮𑖯𑖟𑖸𑖪𑖢𑖲𑖝𑖿𑖨② 𑖎𑖘𑖪𑖯𑖒𑖿𑖐③ 𑖮𑖭𑖿𑖝𑖧𑖸④ 𑖭𑖿𑖪𑖯𑖮𑖯⑤

oṃ① mahā-devaputra② katavāṅga③ hastaye④ svāhā⑤

歸命① 大天子② 棒③ 手執④ 成就⑤

伊舍那天

伊舍那天

種子字：𑖨𑖲（ru）或𑖂（ī）

伊舍那天（梵名Īśāna），又作伊遮那天或伊沙天，意譯爲自在、眾生主，乃司配者之義。爲護世八方之一、十二天之一、或十方護法神之一，守護東北方。有說其即舊稱之摩醯首羅天，亦即大自在天。

⊙伊舍那天真言

南麼① 三曼多勃馱喃② 囉捺囉也③ 莎訶④

𑖡𑖦𑖾① 𑖭𑖦𑖡𑖿𑖝𑖤𑖲𑖟𑖿𑖠𑖯𑖡𑖯𑖽② 𑖨𑖲𑖟𑖿𑖨𑖯𑖧③ 𑖭𑖿𑖪𑖯𑖮𑖯④

namaḥ① samanta-buddhānāṃ② rudrāya③ svāhā④

歸命① 普遍諸佛② 伊舍那天③ 成就④

焰摩天

焰摩天

種子字：𑖪𑖹（vai）或𑖧𑖽（yaṃ）

焰摩天（梵名Yama），為護世八方天之一、十方護法神之一及十二天之一。於密教中，特別將閻魔王稱為焰摩天，列於天部，但焰摩天之形象與閻魔王不同。以此天為本尊之修法稱焰摩天法，修此法可延壽除災，若為祈冥福時則稱為冥道供。

⊙閻摩天真言

法身咒

唵① 閻摩囉闍② 烏揭囉毗梨耶③ 阿揭車④ 莎訶⑤（《陀羅尼集經》十一）

oṁ① yamarāja② ugra-virya③ āgaccha④ svāhā⑤

歸命① 閻摩王② 大力者③ 請來④ 成就⑤

倶摩羅天

倶摩羅天

種子字：𑖎𑖲（ku）或𑖭𑖿𑖎（ska）或𑖑𑖽（ghaṃ）

倶摩羅（梵名Kumāra），又作鳩摩羅天、鳩摩羅伽天、拘摩羅天，意譯爲童子，以其樣貌猶如童子而得名，爲初禪天梵王及護世二十天之一。

◎倶摩羅天真言

唵① 縛日羅② 健吒③ 娑縛賀④

𑖌𑖼① 𑖪𑖕𑖿𑖨② 𑖑𑖜𑖿𑖙③ 𑖭𑖿𑖪𑖯𑖮𑖯④

oṁ① vajra② ghaṇṭa③ svāhā④

歸命① 金剛② 鈴③ 成就④

荼吉尼天

荼吉尼天

種子字：（da）

荼吉尼天（梵Ḍākinī），意譯爲空行母。梵名音譯又作拏吉寧、拏吉尼、荼枳尼、陀祇尼、吒枳尼。據《大日經疏》卷十記載，荼吉尼係大黑神之眷屬、屬夜叉鬼之一，有自在之神通力。

⊙荼吉尼天真言

唵① 訶利② 訶③ 娑縛賀④

oṁ① hri② haḥ③ svāhā④

日天

日天

種子字：（a）

日天（梵名Āditya），音譯作阿泥底耶，又稱作日天子、日神。在印度，將太陽神格化，稱為日天。後為太陽神（梵Sūrya，音譯蘇利耶）之別稱。傳入密教後，成為十二天之一，乃大日如來為利益眾生之故，住於佛日三昧，隨緣出現於世，破諸暗時，菩提心自然開顯，猶如太陽光照眾生，故稱為日天。

⊙日天真言

胎藏界真言

南麼① 三曼多勃馱喃② 阿儞怛夜耶③ 莎訶④

namaḥ① samanta-buddhānāṃ② ādityāya③ svāhā④

歸命① 普遍諸佛② 日天③ 成就④

金剛界真言

唵① 縛日羅② 矩吒利③（〈賢劫十六尊軌〉）

oṃ① vajra② kuṇḍari③

歸命① 金剛② 水瓶③

月天

月天

種子字：（ca）或（pra）

月天（梵名Candrā），又稱作月天子、寶吉祥天子。音譯作旃陀羅、戰達羅或戰捺羅。印度婆羅門教將月神格化，稱爲月天。在密教中爲十二天之一，屬金剛界曼荼羅外部二十天之一，胎藏界曼荼羅外金剛部院之一尊。爲擁護佛法之天部之一。

◎月天真言

胎藏界真言

南麼① 三曼多勃馱喃② 戰捺羅也③ 莎賀④

𑖡𑖦𑖾① 𑖭𑖦𑖡𑖿𑖝𑖤𑖲𑖟𑖿𑖠𑖯𑖡𑖯𑖽② 𑖓𑖡𑖿𑖟𑖿𑖨𑖯𑖧③ 𑖭𑖿𑖪𑖯𑖮𑖯④

namaḥ① samanta-buddhānāṃ② candrāya③ svāhā④

歸命① 普遍諸佛② 月光之爲③ 成就④

金剛界眞言

唵① 縛日羅② 鉢羅婆③ 莎賀④

𑖌𑖼① 𑖪𑖕𑖿𑖨② 𑖢𑖿𑖨𑖥③ 𑖭𑖿𑖪𑖯𑖮𑖯④

oṃ① vajra② prabha③ svāhā④

歸命① 金剛② 光明③ 成就④

地天（堅牢地神）

地天（堅牢地神）

種子字：（pri）或（vi）

地天（梵名 Pṛthivī），又稱作地神、堅牢地神、堅牢地天、持地神，即主掌大地之神，爲十二天之一。地的體性是堅固不動，能止住萬物，有能持萬物的作用。

⊙地天真言

南麼① 三曼多勃馱喃② 鉢嘌體毗曳③ 莎賀④

水天

namaḥ① samanta-buddhānāṃ② pṛthiviye③ svāhā④

歸命① 普遍諸佛② 地天③ 成就④

水天

種子字：（va）或（a）或（na）

水天（梵名Varuṇa），梵名音譯作縛嚕拏、縛樓那、婆樓那、伐樓拿。為密教十二天之一，護世八方天之一。守護西方，為龍族之王，屬五類天中地居天之一。

⊙水天真言

南麼① 三曼多勃馱喃② 阿半鉢多也③ 娑縛賀④

namaḥ① samanta-buddhānāṁ② āpānpataya③ svāhā④

歸命① 普遍諸佛② 水天之為③ 成就④

縛嚕拏① 耶② 莎賀③

varuṇa① ya② svāhā③

（歸命）縛嚕拏（水天之名）① 爲② 成就③

火天

火天

種子字：𑖀（a）或𑖨（ra）或𑖡（na）

火天（梵名Agni），梵名音譯爲阿耆尼或阿哦那。又稱作火仙、火神、火光尊，爲八方天之一、十二天之一，守護東南方。表諸佛行菩薩道時，以智火焚燒一切心垢，燃起正法光明。

⊙火天真言

胎藏界眞言

南麼① 三曼多勃馱喃② 惡揭娜曳③ 莎訶④

𑖡𑖦𑖾① 𑖭𑖦𑖡𑖿𑖝𑖤𑖲𑖟𑖿𑖠𑖯𑖡𑖽② 𑖀𑖐𑖿𑖡𑖧𑖸③ 𑖭𑖿𑖪𑖯𑖮𑖯④

namaḥ① samanta-buddhānāṃ② agnaye③ svāhā④

歸命① 普遍諸佛② 火天之爲③ 成就④

金剛界眞言

唵① 縛日羅② 曩攞③ 娑縛賀④

𑖌𑖼① 𑖪𑖕𑖿𑖨② 𑖡𑖩③ 𑖭𑖿𑖪𑖯𑖮𑖯④

oṃ① vajra② nala③ svāhā④

歸命① 金剛② 青竹③ 成就④

（以青竹表火天所持之仙杖）

風天

風天

種子字：（vā）或（ni）

風天（梵名Vāyu），音譯作曩庾、縛臾、婆庾、婆牖、伐由。又作風神、風大神。爲十二天之一，護世八方天之一，守護西北方。

⊙風天真言

胎藏界眞言

南麼① 三曼多勃馱喃② 皤也吠③ 莎賀④

𑖡𑖦𑖾① 𑖭𑖦𑖡𑖿𑖝𑖤𑖲𑖟𑖿𑖠𑖯𑖡𑖯𑖽② 𑖪𑖯𑖧𑖪𑖸③ 𑖭𑖿𑖪𑖯𑖮𑖯④

namaḥ① samanta-buddhānāṁ② vāyave③ svāhā④

歸命① 普遍諸佛② 風天③ 成就④

金剛界眞言

唵① 縛日羅② 儞羅③ 莎賀④

𑖌𑖼① 𑖪𑖕𑖿𑖨② 𑖡𑖱𑖩③ 𑖭𑖿𑖪𑖯𑖮𑖯④

oṁ① vajra② nīla③ svāhā④

歸命① 金剛② 青色③ 成就④

摩利支天

摩利支天

種子字：𑖦（ma）或𑖦𑖽（maṃ）

摩利支（梵名 Marīci），也譯作末利支天或摩里支天，意譯爲威光天、陽焰天；或稱作末利支提婆、摩利支天菩薩。具有大神通自在力，擅於隱身，能爲人消除障難，增進利益。

⊙摩利支天真言

小咒一

唵① 摩利制曳② 娑嚩訶③

𑖌𑖼① 𑖦𑖨𑖰𑖓𑖸𑖧𑖸② 𑖭𑖿𑖪𑖯𑖮𑖯③

oṁ① mariceye② svāhā③

歸命① 摩利支② 成就③

小咒二

唵① 阿儞底也② 摩利支③ 娑嚩訶④

𑖌𑖼① 𑖁𑖟𑖰𑖝𑖿𑖧② 𑖦𑖨𑖰𑖓𑖰③ 𑖭𑖿𑖪𑖯𑖮𑖯④

oṁ① āditya② marici③ svāhā④

歸命① 日② 陽炎③ 成就④

龍

龍（梵名Nāga），梵名音譯爲那伽、曩誐。屬八部眾之一。一般謂其爲住於水中，能呼雲起雨，爲守護佛法之異類。其首領稱作龍王或龍神。

依據《翻譯名義集》卷二中所記載：「龍有四種，一守天宮殿，持令不落，人間屋上作龍像之爾；二興雲致雨，益人間者；三地龍，決江開瀆；四伏藏，守轉輪王大福人藏也。」

⊙龍真言

南麼① 三曼多勃馱喃② 迷伽③ 設濘曳④ 娑嚩訶⑤

namaḥ① samanta-buddhānāṃ② megha-③ aśaniye④ svāhā⑤

歸命① 普遍諸佛② 雲③ 噉④ 成就⑤

難陀龍王

難陀龍王

種子字：𑖡（na）

難陀龍王（梵名Nanda），又稱難途龍王、難頭龍王。意譯爲喜龍王、歡喜龍王。以其善能順應人心，調御風雨，深得世人歡喜，而名之。是八大龍王之一，爲護法龍神之上首。

依據《增一阿含經》卷二十八及《大寶積經》卷十四所載，此龍王有七龍頭，性頗兇惡，後爲佛陀弟子目犍連所降伏。

⊙難陀龍王真言

南麼① 三曼多② 勃馱南③ 難陀耶④ 娑縛賀⑤

namaḥ① samanta② buddhānāṃ③ nandāya④ svāhā⑤

歸命① 普遍② 諸佛③ 難陀④ 成就⑤

烏波難陀龍王

烏波難陀龍王

種子字：（u）

烏波難陀龍王（Upananda），爲難陀龍王之弟，與難陀龍王同爲佛教大護法龍王。

⊙烏波難陀龍王真言

南麼① 三曼多勃馱喃② 鄔波難陀曳③ 娑縛賀④

namaḥ① samanta-buddhānāṃ② upanandāya③ svāhā④

歸命① 普遍諸佛② 鄔波難陀（尊名）③ 成就④

羅刹

羅刹天

種子字：ར（ra）

羅刹（梵名 rākṣasa）指食人肉之惡鬼。又作羅刹娑、邏刹娑、羅叉娑、羅乞察娑、阿落刹娑。意譯可畏、護者、速疾鬼。女性之羅刹稱爲羅刹斯（rākṣasi），又作羅叉私。《慧琳音義》卷二十五中記載：「羅刹，此云惡鬼也。食人血肉，或飛空、或地行，捷疾可畏。」同書卷七又說：「羅刹娑，梵語也，古云羅刹，訛也（中略）乃暴惡鬼名也。男即極醜，女即甚姝美，並皆食啖於人。」而於諸經中，羅刹則往往成爲佛教的守護神。

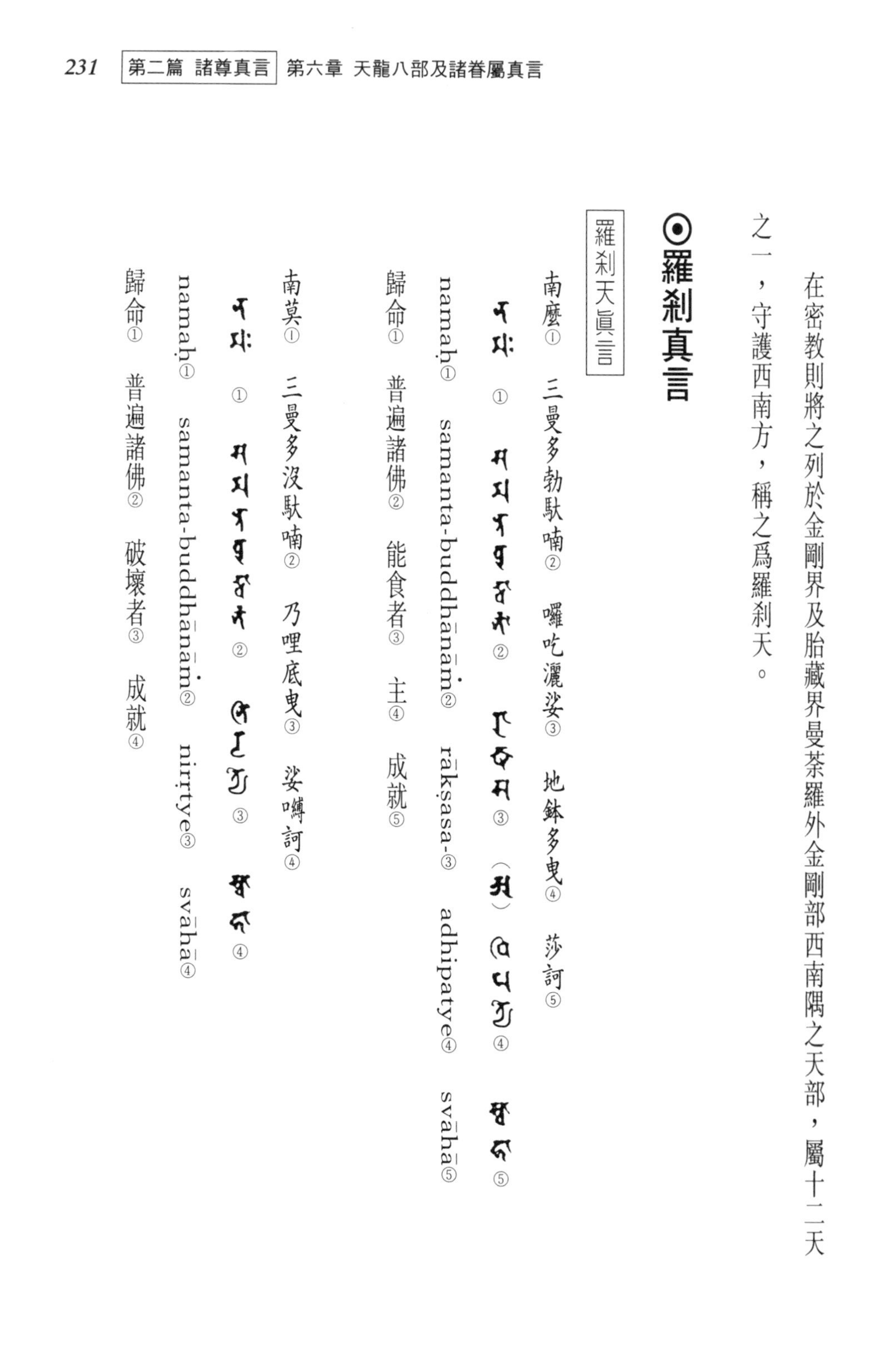

在密教則將之列於金剛界及胎藏界曼荼羅外金剛部西南隅之天部，屬十二天之一，守護西南方，稱之爲羅剎天。

◎羅剎真言

羅剎天眞言

南麼① 三曼多勃馱喃② 囉吃灑娑③ 地鉢多曳④ 莎訶⑤

(① ② ③ ④ ⑤)

namaḥ① samanta-buddhānāṃ② rākṣasa-③ adhipatye④ svāhā⑤

歸命① 普遍諸佛② 能食者③ 主④ 成就⑤

南莫① 三曼多沒馱喃② 乃哩底曳③ 娑嚩訶④

(① ② ③ ④)

namaḥ① samanta-buddhānāṃ② nirṛtye③ svāhā④

歸命① 普遍諸佛② 破壞者③ 成就④

羅剎（羅剎娑）真言

南麼① 三曼多勃馱喃② 吃嚂③ 計④ 㘑⑤

namaḥ① samanta-buddhānāṃ② kraṃ③ ke④ ri⑤

歸命① 普遍諸佛② 吃嚂③ 計④ 㘑⑤

曩莫① 三滿多沒馱喃② 囉吃叉細毗藥③ 娑嚩賀④

namaḥ① samanta-buddhānāṃ② rākṣasebhyaḥ③ svāhā④

歸命① 普遍諸佛② 羅剎眾③ 成就④

羅剎女（羅剎斯）真言

曩莫① 三滿多沒馱喃② 囉吃叉娑③ 誐抳弭④ 娑嚩賀⑤

namaḥ① samanta-buddhānāṃ② rākṣasa③ gaṇimi④ svāhā⑤

歸命① 普遍諸佛② 羅剎③ 眾④ 成就⑤

鳩槃荼

鳩槃荼

種子字：（ku）

鳩槃荼（梵名Kumbhāṇḍa），爲增長天眷屬中的二部鬼類之一。也有譯作吉槃荼、拘辨荼、弓槃荼、究槃荼、鳩滿拏等。由於該詞被認爲是「冬瓜」的梵名鳩摩拏（Kuṣ-māṇḍa）的轉訛語，因此又被稱爲「冬瓜鬼」。在《圓覺經》中，則以其爲大力鬼王之名。《圓覺經略疏》卷下之二說其：「食人精血，其疾如風，變化稍多，住於林野，管諸鬼眾，故號爲王。」

⊙鳩槃荼真言

唵① 鳩槃荼② 波多曳③ 娑縛賀④

oṁ① Kumbhāṇḍaḥ② pataye③ svāhā④

歸命① 鳩槃荼② 主③ 成就④

緊那羅

緊那羅

種子字：（ki）

緊那羅（梵名Kiṃnara），天龍八部之一。梵名音譯作緊捺羅或真陀羅等。意譯為人非人、疑神，又有歌神、樂神之意。

依據《慧琳音義》卷十一記載：「真陀羅，古云緊那羅，音樂天也。有美妙音聲能作歌舞，男則馬首人身能歌，女則端正能舞，次此天女多與乾闥婆天為妻室也。」在大乘諸經中，緊那羅眾常列席於佛之說法會中。

⊙緊那羅真言

南麼① 三曼多② 勃馱喃③ 訶散難④ 微訶散難⑤（《大日經》〈真言藏品〉）

𑖡𑖦𑖾① 𑖭𑖦𑖡𑖿𑖝② 𑖤𑖲𑖟𑖿𑖠𑖯𑖡𑖯𑖽③ 𑖮𑖭𑖡𑖽④ 𑖪𑖰𑖮𑖭𑖡𑖽⑤

namaḥ① samanta② buddhānāṃ③ hasanaṃ④ vihasanaṃ⑤

歸命① 普遍② 諸佛③ 笑④ 微笑⑤

迦樓羅

迦樓羅

種子字：𑖐（ga）

迦樓羅（梵Garuḍa），漢譯有迦留羅、伽樓羅、迦婁羅、金翅鳥、妙翅鳥、食吐悲苦聲等名。

依佛典所載，迦樓羅的翅膀是由眾寶交織而成，所以又稱爲金翅鳥或妙翅鳥。這種鳥的軀體極大，兩翅一張開，有數千餘里，甚至於數百萬里之大。以龍爲食。爲天龍八部眾之一。

⊙迦樓羅真言

曩莫① 三滿多② 沒馱南③ 阿鉢羅底賀多④ 捨薩那南⑤ 怛儞野他⑥ 唵⑦
捨句那⑧ 摩訶捨句那⑨ 尾旦多⑩ 跛乞叉⑪ 薩縛⑫ 跛曩誐娜迦⑬ 佉佉佉呬
佉呬⑭ 三摩野摩奴薩摩羅⑮ 吽底瑟姹⑯ 冒地薩怛舞⑰ 枳孃⑱ 跛野底⑲ 娑
縛賀⑳（〈金翅鳥王品〉）

⑰ ⑱ ⑲ ⑳

namaḥ① samanta② buddhānāṁ③ aprati-hata④ śāsanānāṁ⑤ tadyatha⑥
oṁ⑦ śakuna⑧ mahāśakuna⑨ vitanta⑩ pakṣa⑪ sarva⑫ panna-gaḍaka⑬
kha-kha-khahi-khahi⑭ samaya-manusmara⑮ hūṁtiṣṭa⑯ bodhisattvo⑰ jñā⑱
payate⑲ svāhā⑳

歸命① 普遍② 諸佛③ 不所妨礙者④ 殺害之所爲⑤ 即説⑥ 歸命⑦ 鳥⑧
大鳥⑨ 擴掩⑩ 羽翼⑪ 一切⑫ 匍地者（龍蛇）⑬ 佉佉佉呬佉呬（鳥之音聲）
⑭ 憶念本誓⑮ 奮起⑯ 覺有情⑰ 智慧⑱ 動⑲ 成就⑳

心真言

唵① 枳悉波② 娑縛賀③

① ② ③

oṁ① kṣipa② svāhā③

歸命① 搏擊② 成就③

唵① 波枳悉② 娑縛賀③

oṁ① pakṣi② svāhā③

歸命① 羽翼② 成就③

乾闥婆

乾闥婆

種子字：（caṁ）

乾闥婆（梵名 Gandharva），梵名音譯作犍闥婆、健達縛、乾達婆、彥達婆、犍沓和、犍塔和、乾沓婆。意譯作食香、尋香、香陰、香行等。也稱作尋香神、香神、香音神、樂神、執樂天等。在印度神話中，原是半神半人的天上樂師。在佛教，列屬八部眾之一，為帝釋天眷屬職司雅樂之神。又，諸經中或以之為東方持國天的眷屬，是守護東方的神，且有眾多眷屬。

◎乾闥婆真言

南麼① 三曼多勃馱喃② 微輸馱③ 薩縛羅④ 縛係儞⑤ 莎賀⑥

namaḥ① samanta-buddhānāṃ② viśuddha③ svara④ vāheni⑤ svāhā⑥

歸命① 普遍諸佛② 清淨③ 音④ 出⑤ 成就⑥

鬼子母神（訶利帝母）

鬼子母神（梵名Hārītī），夜叉女之一。依音譯又稱作訶利帝母，意譯則作歡喜母、鬼子母、愛子母。

依據《根本說一切有部毗奈耶雜事》卷三十一記載，鬼子母神有五百子，常噉食王舍城中幼兒，後爲佛所度化，皈佛後受佛「擁護諸伽藍及僧尼住處令得安樂」的咐囑。於《法華經》〈陀羅尼品〉中，此女神與十羅剎女共誓守護法華行者。其乃四天王之眷屬，有大勢力，若有疾病、無兒息者，虔敬供養，皆可滿願。

⊙鬼子母（訶利帝母）真言

唵① 努努摩哩迦呬諦② 娑嚩賀③

oṁ① dundumālikāhite② svāhā③

歸命① 努努摩哩迦呬諦（頸飾青鬘的鬼子母神）② 成就③

矜羯羅童子

矜羯羅童子

種子字：𑖕（jra）

矜羯羅童子（梵名Kiṅkara），爲不動明王二大童子之一，輔翼不動明王，幫助一切眾生，有時被認爲是不動明王的化身。「矜羯羅」爲隨順、恭敬小心或僕婢之意。

⊙矜羯羅童子真言

唵① 達嚕麼② 矜羯羅③ 底瑟吒④ 日羅⑤

① ② ③ ④ ⑤

oṁ① dharma② Kiṅkara③ tiṣṭa④ jra⑤

歸命① 法② 矜羯羅③ 發起④ 日羅（歸命不動尊種子）⑤

縛日羅① 旃陀② 吽發吒③ 娑縛賀④

① ② ③ ④

vajra① caṇḍa② hūṁ-phaṭ③ svāhā④

金剛① 暴惡② 破壞③ 成就④

曩莫① 三曼多② 縛日羅報③ 矜羯羅④ 戰拏⑤ 吽泮吒⑥

① ② ③ ④ ⑤ ⑥

namaḥ① samanta② vajrāṇāṁ③ Kiṅkara④ caṇḍa⑤ hūṁ-phaṭ⑥

歸命① 普遍② 金剛③ 矜羯羅④ 暴惡⑤ 破壞⑥

唵① 矜羯羅② 戰拏③ 阿戰拏④ 妹怛哩也納婆縛⑤ 娑縛賀⑥

oṃ① Kiṅkara② caṇḍā③ acaṇḍa④ māitryodhava⑤ svāhā⑥

歸命① 矜羯羅② 暴惡③ 不暴惡④ 慈愛生⑤ 成就⑥

制吒迦童子

制吒迦童子

種子字：（ṇaṃ）

制吒迦童子（梵名Ceṭaka），又稱爲扇底迦、勢多迦，爲息災、福德聚勝之義，又有難以共語的惡性者之義。與矜羯羅童子共爲不動明王二大童子，及五使者之一，輔佐不動明王，幫助一切眾生。主業波羅蜜之一德，顯現性惡之性。

在《不空羂索陀羅尼經》〈成就制摘迦品〉中記載，此童子乃由觀自在菩薩所生，而現童子形歡喜之相。

⊙制吒迦童子真言

唵① 羯嚕麼② 制吒迦③ 吽吽④ 發吒⑤ 南⑥

oṃ① karma② ceṭaka③ hūṃ-hūṃ④ phaṭ⑤ ṇaṃ⑥

歸命① 作業② 制吒迦（名）③ 恐怖④ 破壞⑤ 南（歸命不動尊種子）⑥

優婆髻設尼童子

優婆髻設尼童子

種子字：（dili）或（u）

優婆髻設尼童子（梵名 Upakeśinī），又稱爲鄔波童子，爲文殊五使者之一及文殊八大童子之一，表文殊菩薩能施之三昧。

⊙優婆髻設尼真言

南麼① 三曼多② 勃馱喃③ 儞履④ 頻娜夜壤難⑤ 係⑥ 矩忙履計⑦ 莎賀⑧

namaḥ① samanta② buddhānāṁ③ dili④ bhinnaya-jñānaṁ⑤ he⑥ kumārike⑦ svāhā⑧

歸命① 普遍② 諸佛③ 儞履（烏波髻設尼之種子）④ 穿無智⑤ 呼召⑥ 童女⑦ 成就⑧

髻設尼童子

髻設尼童子

種子字：（ke）

髻設尼童子（梵名 keśinī），爲文殊五使者之一，表其心智之清淨。

⦿髻設尼童子真言

曩莫① 三滿多沒馱喃② 枳履③ 係係④ 矩忙履計⑤ 娜耶⑥ 壤難⑦ 娑麼羅⑧ 鉢羅底然⑨ 莎訶⑩

namaḥ① samanta-buddhānāṃ② kili③ he he④ kumārike⑤ dāya⑥ jñānaṃ⑦ smara⑧ pratijñāṃ⑨ svāhā⑩

歸命① 普遍諸佛② 枳履（種子）③ 呼召④ 童女⑤ 與願⑥ 智⑦ 憶念⑧ 本願⑨ 成就⑩

諸奉教者

依《大日經疏》十中所述，奉教者乃指專在本尊之側承命往來隨有所作者也，即侍者之義。通佛部、蓮華部及金剛部。如文殊菩薩有五奉教者等。

◎諸奉教者真言

第一真言

南麼① 三曼多② 伐折囉赧③ 係係④ 緊質囉也徙⑤ 釳嘌佷儜釳嘌佷儜⑥ 佉那佉那⑦ 鉢履布囉也⑧ 薩嚩⑨ 鉢囉底然⑩ 莎訶⑪

namaḥ① samanta② vajrāṇāṃ③ he-he④ kiṃ-cirāyasi⑤ gṛhṇā-gṛhṇā⑥ khada-khada⑦ paripuraya⑧ sarva⑨ pratijñāṃ⑩ svāhā⑪

歸命① 普遍② 諸金剛③ 係係（呼召之聲）④ 何不通⑤ 捕捕⑥ 噉食⑦

充滿⑧ 一切⑨ 本願⑩ 成就⑪

第二眞言

南麼① 三曼多② 勃馱喃③ 地④ 室唎⑤ 唅⑥ 沒嚂⑦

namaḥ① samanta② buddhānāṃ③ dhi④ śri⑤ haṃ⑥ braṃ⑦

歸命① 普遍② 諸佛③ 地（種子）④ 室唎（種子）⑤ 唅（種子）⑥ 沒

嚂（種子）⑦

第3篇

諸經陀羅尼

《般若心經》神咒

《般若波羅蜜多心經》（梵名 Prajñāpāramitā-hṛdaya-sūtra），全稱為摩訶般若波羅蜜多心經，略稱《般若心經》、《心經》，自古以來有多種譯本，其中以唐·玄奘所譯，知仁筆受，流行最廣。

本經文旨，原出於大部《般若經》內有關舍利子的各品，主要是佛和舍利子問答般若行的意義、功德。《心經》即從其中撮要單行，以行深般若波羅蜜多為空相應行。更進而說由空無所得為方便，遣五蘊執，契證實相。全經文句簡約而賅攝般若甚深廣大之義，得其心要，故名為《心經》。而《心經》的心（梵 hṛdaya），指心臟，即是精要、心髓之意。

本經經末尊重讚嘆般若波羅蜜多，以之為大神咒、大明咒等亦見於《陀羅尼集經》卷三〈般若波羅蜜多大心經〉段。然在原來《大品般若》的〈大明品〉及〈勸持品〉中，都直接以般若為明咒，別無咒文。

⊙般若心經神咒

揭帝① 揭帝② 般羅揭帝③ 般羅僧揭帝④ 菩提⑤ 僧莎訶⑥

gate① gate② pāragate③ pārasaṁgate④ bodhi⑤ svāhā⑥

往① 往② 到彼岸③ 往彼岸了④ 覺⑤ 成就⑥

《般若心經》除以上唐．玄奘大師所譯《般若波羅蜜多心經》的明咒版本外，尚有其他不同譯本，茲將不同譯本的明咒臚列如下，以供參照。

㈠曩謨．鉢囉倪也波囉彌多曳．怛儞也他．誐帝、誐帝、波囉誐帝．波帝囉僧誐帝．冒地．娑嚩賀。（西天．施護譯《佛說帝釋般若波羅蜜多心經》）

㈡竭帝竭帝．波羅竭帝．波羅僧竭帝．菩提．僧莎呵。（唐．鳩摩羅什譯《摩訶般若波羅蜜大明咒經》）

㈢揭諦揭諦．波羅揭諦．波羅僧揭諦．菩提．莎婆訶。（唐．法月譯《普遍

智藏般若波羅蜜多心經》）

㈣蘗諦．蘗諦．波羅蘗諦．波羅僧蘗諦．菩提．娑婆訶。（唐．般若、利言等共譯《般若波羅蜜多心經》）

㈤唵．誐帝誐帝．播囉誐帝．播囉散誐帝．冒地．娑縛賀。（唐．智慧輪譯《般若波羅蜜多心經》）

㈥峩帝峩帝．波囉峩帝．波囉僧峩帝．菩提．莎訶。（唐．法成譯《般若波羅蜜多心經》）

㈦怛顊他．唵．誐帝、誐帝．播囉誐帝．播囉僧誐帝．冒提．莎賀。（宋施護譯《佛說聖佛母般若波羅蜜多經》）

《金剛般若波羅蜜多經》眞言

《金剛般若波羅蜜多經》略稱《金剛經》，是一本對中國佛教的修行人產生了很深遠的影響的經典。在禪宗的歷史中，達磨初祖來中土以《楞伽經》來印證學人，教授開示禪者。到了五祖弘忍之後，就轉以《金剛經》來印心，六祖惠能便因聽聞此經之經文而開悟，於是乎這部經就成爲禪宗傳承中最重要的一本經典。

本經在中國自古以來，有六種譯本：

(1)《金剛般若波羅蜜經》姚秦三藏法師鳩摩羅什譯，也就是我們現在所流通使用的版本。

(2)《金剛般若波羅蜜經》北魏．菩提流支所譯。

(3)《金剛般若波羅蜜經》陳代真諦譯本。

(4)《金剛能斷般若波羅蜜經》隋代笈多譯。

(5)《能斷金剛般若波羅蜜多經》收於《大般若經》卷五百七十七的〈第九能斷金剛分〉中，唐代玄奘大師所譯。

(6)《能斷金剛般若波羅蜜多經》唐代義淨譯。

這六種版本中，在名稱上總約有兩種：一是《金剛般若波羅蜜經》；二是《能斷金剛般若波羅蜜經》。在其意義上也有兩種：一是不壞宛如金剛一般的般若波羅蜜經；另外一種則是能斷金剛，連金剛皆可斷壞的般若波羅蜜經。以上兩種說法都代表這部經是一部堅固、能破除一切迷惘、現證般若的經典。

《金剛般若經》真言只見於唐．鳩摩羅什的譯本中，其他中文譯本中並無此真言。

⊙金剛般若經真言

那謨① 婆伽跋帝② 鉢喇壤③ 波羅弭多曳④ 唵⑤ 伊利底⑥ 伊室利⑦ 輸盧馱⑧ 毗舍耶⑨ 毗舍耶⑩ 莎婆訶⑪

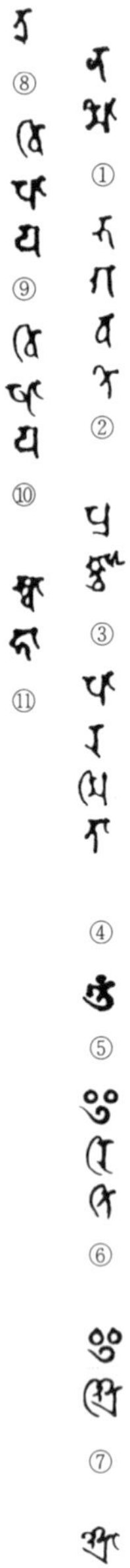

namo① bhagavate② prajñā③ pāramitāye④ oṁ⑤ iriti⑥ iśri⑦ śrotra⑧ viṣāya⑨ viṣāya⑩ svāhā⑪

《法華經》〈陀羅尼品〉五種神咒

《法華經》即《妙法蓮華經》（梵名 Saddharma-puṇḍarika-sūtra），在中國佛教流布極廣，研究及實踐其修法者十分眾多。大乘佛法興起之後，佛教中有了三乘的思想。以「聲聞」、「緣覺」為「二乘」或「小乘」，以「菩薩」為「大乘」。而《法華經》提出了「開權顯貴」、「會三歸一」的思想，來融會三乘為一乘。並以「聲聞」、「緣覺」二乘為方便說，「二乘」亦終究要成佛，開啟了「迴小向大」的門徑。

在歷代所譯的法華經典中以姚秦．弘始八年（四〇六年）鳩摩羅什所譯的《妙華蓮華經》，最為流行。

「法華經陀羅尼品五種神咒」即出自《法華經》〈陀羅尼品〉，在此品中，藥王菩薩、勇施菩薩、毗沙門天王、持國天王、十羅剎女及鬼子母眷屬等各自宣說陀羅尼咒，擁護受持、講說《法華經》者。

◎《法華經》〈陀羅尼品〉五種神咒

一、藥王菩薩護教咒

安爾① 曼爾② 摩禰③ 摩摩禰④ 旨隸⑤ 遮黎第⑥ 賒咩⑦ 賒履多瑋⑧ 羶帝⑨ 目帝⑩ 目多履⑪ 娑履⑫ 阿瑋娑履⑬ 桑履⑭ 娑履⑮ 叉裔⑯ 阿叉裔⑰ 阿耆膩⑱ 羶帝⑲ 賒履⑳ 陀羅尼㉑ 阿盧伽婆娑簸蔗毗叉膩㉒ 禰毗剃㉓ 阿便哆邏禰履剃㉔ 阿亶哆波隸輸地㉕ 漚究隸㉖ 牟究隸㉗ 阿羅隸㉘ 波羅隸㉙ 首迦差㉚ 阿三磨三履㉛ 佛馱毗吉利袠帝㉜ 達磨波利差帝㉝ 僧伽涅瞿沙禰㉞ 婆舍婆舍輸地㉟ 曼哆邏㊱ 曼哆邏叉夜多㊲ 郵樓哆㊳ 郵樓哆憍舍略㊴ 惡叉邏㊵ 惡叉冶多冶㊶ 阿婆盧㊷ 阿摩若那多夜㊸

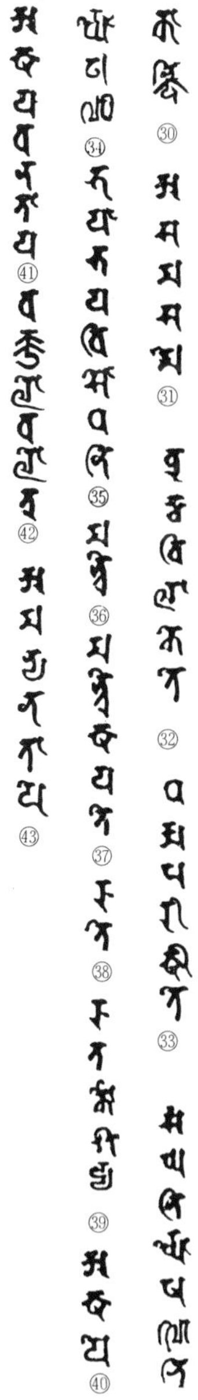

anye① manye② mane③ mamane④ citte⑤ carite⑥ same⑦ samitā⑧

viśānte⑨ mukte⑩ muktame⑪ same⑫ aviṣame⑬ sama⑭ same jaye⑮

kṣaye-⑯ akṣaye⑰ akṣīṇe⑱ śānte⑲ samite⑳ dhāraṇi㉑ ālokabhāṣe-

pratyavekṣaṇi㉒ nidhiru㉓ abhyantaraniviṣṭe㉔ abhya-ntarapāriśuddhi㉕ ut=

kule㉖ mutkule㉗ araḍe㉘ paraḍe㉙ sukāṅkṣi㉚ asamasame㉛ Buddha=

vilokite㉜ dharmaparīkṣite㉝ saṁghanirgho-ṣaṇi nirghoṣaṇī㉞ bhayābhaya=

visodhani㉟ mantre㊱ mantrākṣayate㊲ rute㊳ rutakauśalye㊴ akṣaye㊵

akṣayavanatāye㊶ vakkule valoḍa㊷ amanyanatāye㊸

奇異① 所思② 意念③ 無意④ 永久⑤ 所行奉修⑥ 寂然⑦ 澹泊⑧ 志默⑨

解脫⑩ 濟度⑪ 平等⑫ 無邪⑬ 安和⑭ 普平⑮ 滅盡⑯ 無盡⑰ 莫脫⑱ 玄默⑲

澹然⑳ 總持㉑ 觀察㉒ 光耀㉓ 有所依倚恃怙於內㉔ 究竟清淨㉕ 無有坑坎㉖

亦無高下㉗ 無有迴旋㉘ 所周旋處㉙ 其目清淨㉚ 等無所等㉛ 覺己超度㉜ 而察於法㉝ 合眾無音㉞ 所說鮮明㉟ ——㊱ 而懷止足㊲ 盡除節限㊳ 宣暢音響㊴ 曉了眾聲㊵ 而了文字㊶ 無有窮盡㊷ 永無勢力無所思念㊸

二、勇施菩薩護敎咒

痤隸① 摩訶痤隸② 郁枳③ 目枳④ 阿隸⑤ 阿羅婆第⑥ 涅隸第⑦ 涅隸多婆第⑧ 伊緻柅⑨ 韋緻柅⑩ 旨緻柅⑪ 涅隸墀柅⑫ 涅犁墀婆底⑬

jvale① mahājvale② ukke tukke③ mukke④ aḍe⑤ aḍāvati⑥ nṛtye⑦ nṛtyāvati⑧ iṭṭini⑨ viṭṭini⑩ ciṭṭini⑪ nṛtyani⑫ nṛtyāvati⑬

晃耀的① 大智② 光明③ 並照時④ 順次降臨⑤ 富足⑥ 悅喜⑦ 欣然⑧ 住止⑨ 起居⑩ 永住⑪ 將不會合同⑫ 趨近⑬（⑫、⑬將不會合同或趨近蒙昧）

三、毗沙門天護敎咒

阿梨① 那梨② 㝹那梨③ 阿那盧④ 那履⑤ 拘那履⑥

aṭṭe① naṭṭe② tunaṭṭe③ anaḍe④ nāḍi⑤ kunāḍi⑥

富有① 調戲② 無戲③ 無量④ 無富⑤ 何富⑥

四、持國天護敎咒

阿伽禰① 伽禰② 瞿利③ 乾陀利④ 旃陀利⑤ 摩蹬耆⑥ 常求利⑦ 浮樓莎
抳⑧ 頞底⑨

agaṇe① gaṇe② gauri③ gandhāri④ caṇḍhāli⑤ mātaṅgi pukkasi⑥
saṁkule⑦ vrūsali⑧ atī⑨

無數① 有數② ——③ 持香④ 曜黑⑤ 凶咒⑥ 大體⑦ 依序宣說⑧ 暴言

至有⑨

五、十羅刹女護教咒

伊提履① 伊提泯② 伊提履③ 阿提履④ 伊提履⑤ 泥履⑥ 泥履⑦ 泥履⑧
泥履⑨ 泥履⑩ 樓醯⑪ 樓醯⑫ 樓醯⑬ 樓醯⑭ 多醯⑮ 多醯⑯ 多醯⑰ 兜醯⑱
㝹醯⑲

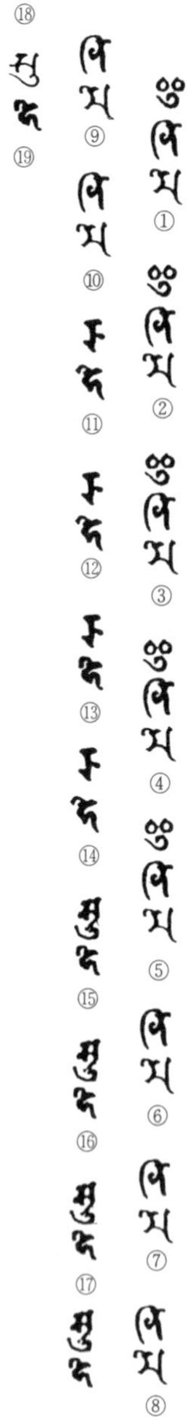

itime① itime② itime③ itime④ itime⑤ nime⑥ nime⑦ nime⑧
nime⑨ nime⑩ ruhe⑪ ruhe⑫ ruhe⑬ ruhe⑭ stuhe⑮ stuhe⑯ stuhe⑰
stuhe⑱ stuhe⑲

於是① 於斯② 於爾③ 於氏④ 極甚⑤ 無我⑥ 無吾⑦ 無身⑧ 無所⑨ 俱
同⑩ 已興⑪ 已生⑫ 已成⑬ 而住⑭ 而立⑮ 亦住⑯ 嗟嘆⑰ 亦非⑱ 消頭大疾

無得加害⑲

《法華經》普賢咒

《法華經》普賢咒出自《法華經》卷七〈普賢菩薩勸發品〉，經中記載普賢菩薩爲護佑行持《法華經》法行者而宣說此陀羅尼，得是陀羅尼故無有非人能破壞者，普賢菩薩亦親自護衛是人。經中又言，如有受持是陀羅尼者，當知是人行普賢行，已於無量佛所深種善根，爲諸如來手摩其頭，命終時爲千佛授手，令不恐怖、不墮惡趣，往生兜率天上彌勒菩薩所。

◎《法華經》普賢咒

阿檀地①　檀陀婆地②　檀陀婆帝③　檀陀鳩賒隸④　檀陀修陀隸⑤　修陀隸⑥

修陀羅婆底⑦　佛馱波羶禰⑧　薩婆陀羅尼阿婆多尼⑨　薩婆婆沙阿婆多尼⑩　修

阿婆多尼⑪　僧伽婆履叉尼⑫　僧伽涅伽陀尼⑬　阿僧祇⑭　僧伽波伽地⑮　帝隸阿

惰僧伽兜略阿羅帝波羅帝⑯ 薩婆僧伽三摩地伽蘭地⑰ 薩婆達磨修波利剎帝⑱
薩婆薩埵樓馱憍舍略阿㲉伽地⑲ 辛阿毗吉利地帝⑳

adaṇḍe① daṇḍapativate② daṇḍāvarte③ daṇḍakuśale④ daṇḍasudhare⑤
sudhāre⑥ sudhārapati⑦ buddhapaśyane⑧ sarvadhāraṇi-āvartane⑨ sar=
vabhāṣyāvartane⑩ su-āvartane⑪ saṃghaparīkṣaṇi⑫ ssaṃghanirghātani⑬
asaṃge⑭ saṃgā-pagate⑮ tri-adhvasaṃgatulyaprapte⑯ sarvasaṃgasamati=
krā-nte⑰ sarvadharmasuparikṣite⑱ sarvasattvarutakausalyānu-gate⑲ siṃh=
avikrīḍite⑳

無我① 除我② 我將方便之杖木迴轉除退而臻仁心和平之境③、④ 甚柔軟⑤

甚柔弱⑥　句見⑦　諸佛迴⑧　諸總持⑨　行眾說⑩　蓋迴轉⑪　盡眾會⑫　除眾趣⑬
無央數⑭　計諸句⑮　世三世數等⑯　越有爲⑰　學諸法⑱　曉眾生音⑲　獅子娛樂⑳

大悲心陀羅尼

大悲心陀羅尼略稱爲大悲咒（梵名 Mahākāruṇikacitta-dhāraṇī），又稱爲千手千眼觀世音大悲心陀羅尼、千手千眼觀世音菩薩大身咒、廣大圓滿無礙大悲心陀羅尼。是說示千手千眼觀世音菩薩內證功德之根本咒。不論顯密宗派均極重視持誦此咒。

依據《千手千眼觀世音菩薩廣大圓滿無礙大悲心陀羅尼經》所記載，此咒全文共有八十四句，誦此咒能得十五種善生，不受十五種惡死。另於《千眼千臂觀世音菩薩陀羅尼神咒經》卷上則說，若誦此咒一百零八遍者，則能消弭一切煩惱罪障，乃至五逆等重罪，清淨身口意三業。

此咒文有多種譯本，其章句也依各經而有所差異，如智通譯的《千眼千臂觀世音菩薩陀羅尼神咒經》及菩提流志譯《千手千眼觀世音菩薩姥陀羅尼身經》的皆爲九十四句；金剛智所譯之《千手千眼觀自在菩薩廣大圓滿無礙大悲心陀羅尼咒本》則有一一三句；不空譯的《金剛頂瑜伽千手千眼觀自在菩薩修行儀軌經》卷下爲四十句；而同爲不空所譯的《千手千眼觀世音菩薩大悲心陀羅尼》，則有八十二句。

⊙千手千眼觀自在菩薩廣大圓滿無礙大悲心陀羅尼

南無①　喝囉怛那②　哆囉夜耶③　南無④　阿唎耶婆盧羯帝爍盋囉耶⑤　菩提
薩哆婆耶⑥　摩訶薩哆婆耶⑦　摩訶迦嚧尼迦耶⑧　唵⑨　薩皤囉罰曳⑩　數怛那⑪
怛寫⑫　南無⑬　悉吉慄埵⑭　伊蒙阿唎耶⑮　婆盧吉帝室佛囉⑯　楞馱婆⑰　南無⑱
那囉謹墀醯唎⑲　摩訶皤哆沙咩⑳　薩婆㉑　阿多豆輸朋㉒　阿逝孕㉓　薩婆薩哆㉔
那摩婆伽㉕　摩罰特豆㉖　怛姪他㉗　唵㉘　阿婆盧醯盧迦帝㉙　迦羅帝㉚　夷醯唎㉛
摩訶菩提薩埵㉜　薩婆薩婆㉝　摩囉摩囉㉞　摩醯摩醯唎馱孕㉟　俱盧俱盧㊱　羯蒙㊲
度盧度盧㊳　罰闍耶帝㊴　摩訶罰闍耶帝㊵　陀羅陀羅㊶　地唎尼㊷　室佛囉耶㊸

遮囉遮囉㊹　麼麼㊺　罰摩囉㊻　穆帝隸㊼　伊醯伊醯㊽　室那室那㊾　阿囉嘇㊿　佛
羅(51)　舍利(52)　罰沙罰沙(53)　佛囉舍耶(54)　呼盧呼盧摩囉(55)　呼盧呼盧醯唎(56)　沙囉
沙囉(57)　悉唎悉唎(58)　蘇嚧蘇嚧(59)　菩提夜菩提夜(60)　菩馱夜菩馱夜(61)　彌帝唎夜(62)
那羅謹墀(63)　地唎瑟尼那(64)　婆夜摩那(65)　娑婆訶(66)　悉陀夜(67)　娑婆訶(68)　摩訶悉
陀夜(69)　娑婆訶(70)　悉陀喻藝(71)　悉皤羅耶(72)　娑婆訶(73)　那囉謹墀(74)　娑婆訶(75)　摩
羅那羅(76)　娑婆訶(77)　悉囉僧(78)　阿穆佉耶(79)　娑婆訶(80)　娑婆(81)　摩訶悉陀夜(82)　娑
婆訶(83)　者吉囉(84)　阿悉陀夜(85)　娑婆訶(86)　波嘇摩羯(87)　悉陀夜(88)　娑婆訶(89)　那囉
謹墀(90)　皤伽囉耶(91)　娑婆訶(92)　摩婆利勝(93)　羯羅耶(94)　娑婆訶(95)　南無(96)　喝羅怛
那(97)　嘇羅夜耶(98)　南無(99)　阿唎耶婆盧吉帝爍囉夜(100)　娑婆訶(101)　悉殿都(102)　漫
多羅(103)　跋陀耶(104)　娑婆訶(105)

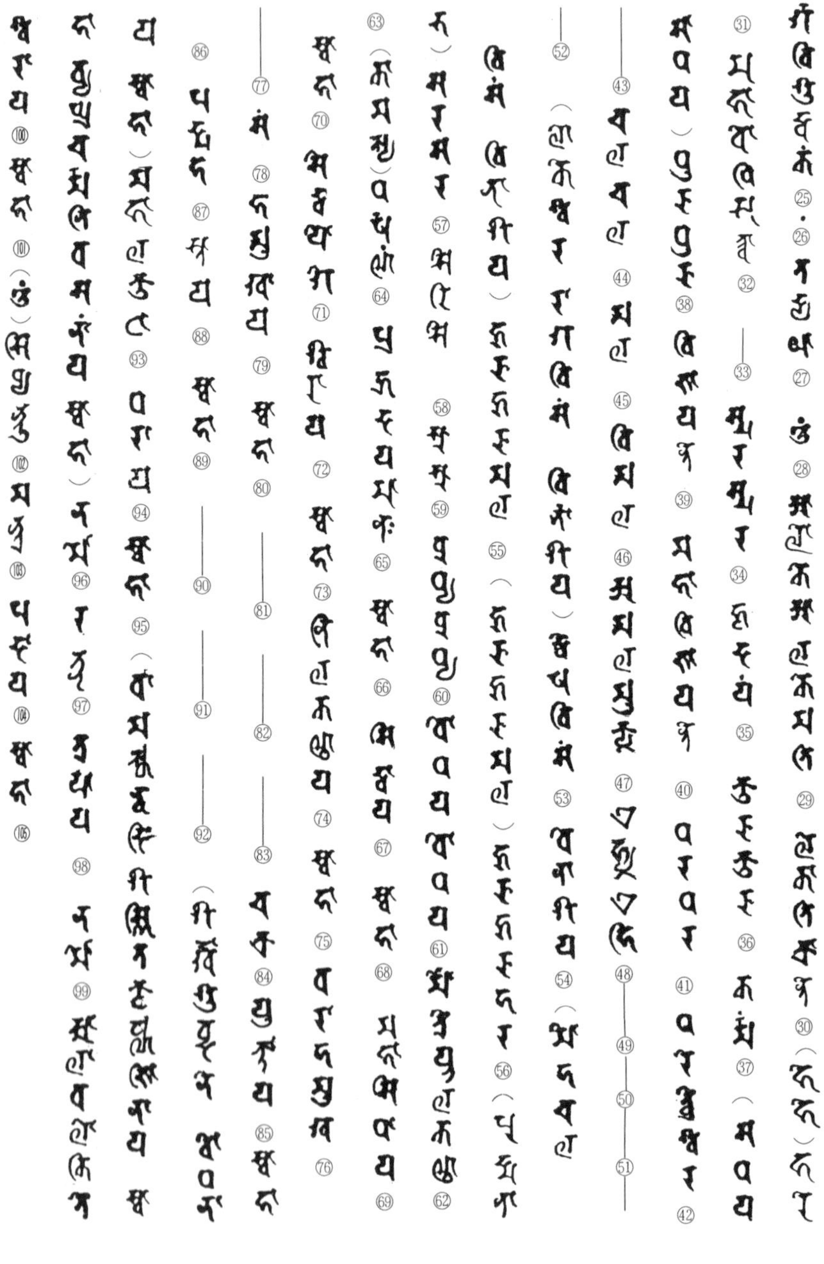

namo① ratna② trayāya③ namo④ āryāvalokiteśvarāya⑤ bodhisattv=
āya⑥ mahāsattvāya⑦ mahā-kāruṇikāya⑧ oṁ⑨ sarva-bhayeṣu⑩ trāṇa-
karāya⑪ tasmai⑫ namas⑬ kṛtvā⑭ imaṁārya⑮ avalokiteśvaratva⑯
nila-kaṇṭha⑰ namo⑱ hṛdayaṁ⑲ āvartayi-ṣyāmi⑳ sarvārtha-㉑ sādhana=
ṁ-śubhaṁ㉒ ajeyaṃ㉓ sarva-bhūtā-nāṁ㉔ bhava-mārga-viśuddhakaṁ㉕ · ㉖
tad-yathā㉗ oṁ㉘ āloke āloke-mati㉙ lokāti-krānte㉚ （he he）hare㉛
mahā-bodhisattva㉜ ——㉝ smara smara ㉞——hṛdayaṁ㉟ kuru kuru㊱ karmaṁ㊲
（sādhaya sādhaya）dhuru dhuru㊳ vijayante㊴ mahā-vijayante㊵ dhara
dhara㊶ dharendresvara㊷ · ㊸ cala cala㊹ mala-㊺ vimala㊻ amala-mukty㊼
ehy ehi㊽ ——㊾ ——㊿ ——51 ——52 （lokeśvara rāga-visaṁ vināśaya）
dveṣa-viṣaṁ53 vināśaya54 （moha-cala-viṣaṁ vināśaya）hulu hulu mala55
（hulu hulu mala）hulu hulu hare56 （pudma-nābha）sara sara57 siri siri58
sru sru59 budhya budhya60 bodhaya bodhaya61 maitrey-62 nila-kaṇṭha63
（kāmasya）dharṣaṇāṁ64 prahrādaya-mānaḥ65 svāhā66 siddhāya67 svāhā68

mahā-siddhāya⑥⑨ svāhā⑦⓪ siddha-yoge-⑦①śvarāya⑦② svāhā⑦③ nila-kaṇṭhāya⑦④
svāhā⑦⑤ varāhamukha⑦⑥ ——⑦⑦ siṃ⑦⑧ hamukhāya⑦⑨ svāhā⑧⓪ ——⑧① ——⑧②
——⑧③ cakra-⑧④ yuktāya⑧⑤ svāhā⑧⑥ padmaha⑧⑦ stāya⑧⑧ svāhā⑧⑨ ——⑨⓪
——⑨① ——⑨② （śaṅkha-śubdane bodhanāya svāhā）mahā-lakuṭa-⑨③ dharāya⑨④
svāhā⑨⑤ （vāma-skandha-diśa-sthita-kṛṣṇajināya svāhā, vyāghra-carma-niva=
sanāya svāhā）namo⑨⑥ ratna-⑨⑦ trayāya⑨⑧ namo⑨⑨ āryāvalokiteśvarāya⑩⓪
svāhā⑩① （oṃ）sidhyantu⑩② mantra-⑩③ padāya⑩④ svāhā⑩⑤

歸命① 寶② 三③ 歸命④ 聖觀自在⑤ 覺有情⑥ 大有情⑦ 大慈悲者⑧
歸命⑨ 一切尊⑩ 正教⑪ 喜語⑫ 歸命⑬ 禮拜⑭ 我聖⑮ 觀自在⑯ 海島香山⑰
歸命⑱ 賢善順教心⑲ 大光明⑳ 一切㉑ 無貪嚴淨㉒ 無比㉓ 一切菩薩㉔ 童真㉕
天神㉖ 所謂㉗ 歸命㉘ 觀自在㉙ 大慈悲者㉚ 蓮華心㉛ 大菩薩㉜ 一切一切㉝
離垢㉞ 大自在心㉟ 作法㊱ 弁事㊲ 度汝㊳ 聖尊㊴ 大聖尊㊵ 能持㊶ 甚勇㊷
光自在㊸ 行動㊹ 我㊺ 最勝離垢㊻ 解脫㊼ 教語㊽ 弘誓㊾ 王㊿ 覺(51) 堅固子(52)
歡喜(53) 佛金剛杵(54) 作法無垢(55) 作法隨心(56) 賢固者(57) 勇猛(58) 甘露水(59) 覺道(60)

覺者(61) 大慈(62) 賢善(63) 堅利(64) 名聞(65) 成就(66) 義(67) 成就(68) 大義(69) 成就(70)無爲(71) 得大自在(72) 成就(73) 賢愛(74) 成就(75) 上妙遊戲(76) 成就(77) 愛語(78) 第一義(79) 成就(80) 一切(81) 大義(82) 成就(83) 輪(84) 無比(85) 成就(86) 紅蓮華業(87) 義(88) 成就(89) 賢首(90) 聖尊(91) 成就(92) 英雄威德(93) 生性(94) 成就(95) 歸命(96)寶(97) 三(98) 歸命(99) 聖觀自在(100) 成就(101) 令我成就(102) 真言(103) 句(104) 成就(105)

百字明

百字明又稱百字真言、百字密語、金剛百字明，或金剛薩埵百字明。

百字明是金剛薩埵淨罪法中所持的長咒，出自《金剛頂瑜伽中略出念誦經》卷二，爲四加行之一，加行十萬遍即是指對此咒之誦持。除此之外，每晚臨睡也可持誦此咒七遍來懺除日間的過犯。法務儀式之結尾亦往往誦此百字明以補闕失。密宗弟子往往領有多尊之灌頂，無法全修，一方面可將諸尊匯入本尊而修之，另一方面則宜每晚念百字明以補闕。

◉百字明

唵① 跋折囉 薩埵② 三摩耶③ 麼奴波邏耶④ 跋折囉薩埵哆吠奴烏播底瑟吒⑤ 涅哩荼烏銘婆嚩⑥ 素覩沙揄銘婆嚩⑦ 阿努囉訖覩銘婆縛⑧ 素補使揄銘婆嚩⑨ 薩婆悉地 含銘般囉野綽⑩ 薩婆羯磨素遮銘⑪ 質多失唎耶⑫ 句嚧⑬ 吽⑭ 呵呵呵呵⑮ 護⑯ 薄伽梵⑰ 薩婆怛他揭多⑱ 跋折囉麼迷悶遮⑲ 跋折哩婆嚩摩訶三摩耶薩埵⑳ 阿㉑

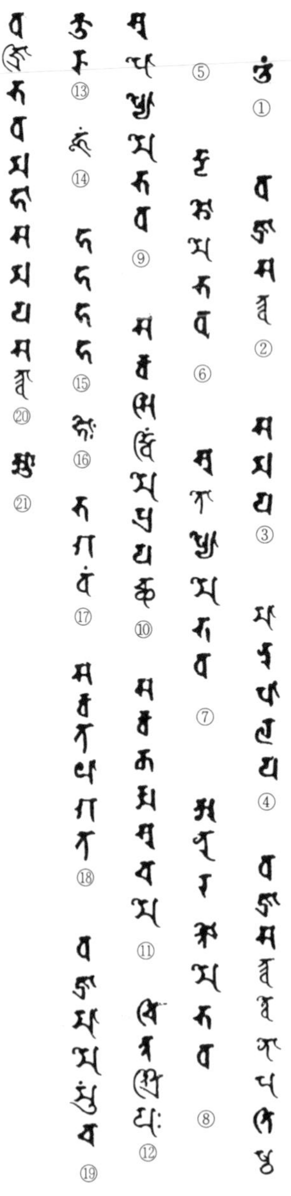

oṁ① vajra-sattva-② samaya③ mānu pālaya④ vajra-sattvatvenopatiṣṭha⑤ dṛḍho me bhava⑥ sutoṣyo me bhava⑦ anurakto me bhava⑧ supoṣya me bhava⑨ sarva-siddhim me prayaccha⑩ sarva-karmasu ca me⑪ citta śriyaḥ⑫ kuru⑬ hūṃ⑭ ha ha ha ha⑮ hoḥ⑯ bhagavaṃ⑰ sarva-tathāgata-⑱ vajra mā me muñca⑲ vajribhava mahā-samaya-sattva⑳ āḥ㉑

歸命① 金剛薩埵② 三昧耶③ 願守護我④ 爲金剛薩埵位⑤ 爲堅牢我⑥ 於我可歡喜⑦ 令我隨心歟⑧ 令我善增益也⑨ 授與我一切悉地⑩ 及諸事業⑪ 令我安穩⑫ 作⑬ 吽⑭ （四無量心、四身）⑮ 喜樂之聲⑯ 世尊⑰ 一切如來⑱ 願金剛莫捨離我⑲ 令我爲金剛三昧耶薩埵⑳ 阿（種子）㉑

寶篋印陀羅尼

寶篋印陀羅尼，全稱爲一切如來心秘密全身舍利寶篋印陀羅尼，此乃積聚一切如來全身舍利功德之陀羅尼，出自《一切如來心秘密全身舍利寶篋印陀羅尼經》。凡書寫、誦讀此陀羅尼，或置於塔中禮拜，皆能滅除罪障，免於三途之苦，壽命長遠，得無量功德。

◎寶篋印陀羅尼

娜莫悉①　怛哩野地尾迦南薩婆怛他蘖多南②　唵③　部尾婆嚩娜嚩嚟④　嚩者嚟⑤　嚩者蘇⑥　祖魯祖魯馱囉馱囉⑦　薩嚩怛佗蘖多馱都馱嚟⑧　鉢蹃鉿婆嚩底⑨　惹也嚩犁⑩　畝怛犁⑪　薩麼囉⑫　怛佗蘖多達摩斫迦囉鉢囉靺嘌哆娜嚩日哩⑬　冒地滿拏⑭　楞迦囉⑮　楞訖哩諦⑯　薩嚩怛他蘖多地瑟耻諦⑰　冒馱野冒馱野⑱　冒地冒地⑲　沒馱沒馱⑳　參冒馱儞參冒馱野㉑　者攞者攞㉒　者懶覩㉓　薩嚩嚩囉拏儞㉔　薩嚩播波尾蘖諦㉕　戶嚕戶嚕㉖　薩嚩戍迦弭蘖帝㉗　薩嚩怛他蘖多紇哩那野嚩日哩抳㉘　參婆囉參婆囉㉙　薩嚩怛他蘖多麌呬野馱囉抳畝涅犁㉚　沒悌蘇沒悌㉛　薩嚩怛他蘖多地瑟耻多㉜　馱覩蘖陛㉝　娑嚩訶㉞　參摩耶地瑟耻帝㉟　娑嚩訶㊱　薩嚩怛他蘖多紇哩那野馱覩畝捺嚟㊲　娑嚩訶㊳　蘇鉢囉底瑟耻多薩覩閉㊴　怛他蘖多地瑟耻帝㊵　戶嚕戶嚕吽吽㊶　娑嚩訶㊷　唵㊸　薩嚩怛佗蘖多塢瑟抳沙馱覩畝捺囉尼㊹　薩嚩怛他蘖單娑馱都尾部使多地瑟耻帝㊺　吽吽㊻　娑嚩訶㊼

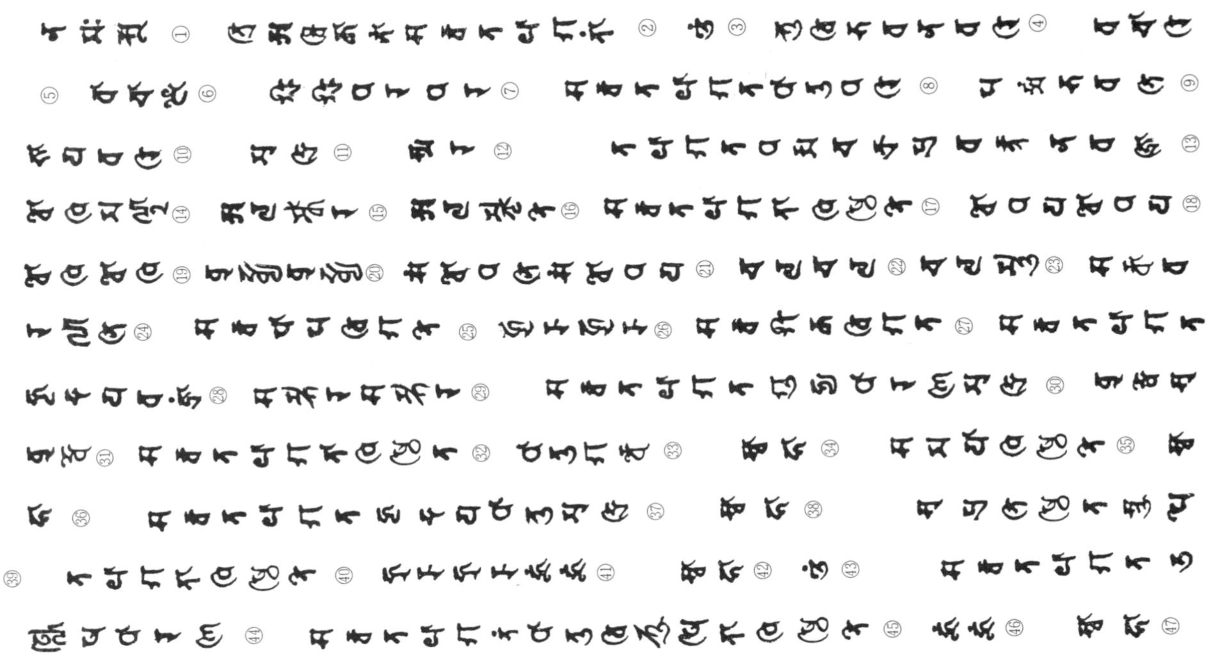

namaḥs① tri-adhvikānāṁ-sarva-tathāganāṁ② oṁ③ bhuvi-bhavanavari④ vacāri⑤ vācaṭai⑥ śru śru dhara dhara⑦ sarva-tathāgata-dhātu dhari⑧ padmaṁ bhavati⑨ jaya-vari⑩ mudri⑪ smara⑫ tathāgata-dharma-cakra-

pravarttana-vajri⑬ bodhimaṇḍa⑭ alamkāra⑮ alamkṛte⑯ sarva-tathāgatā=
dhiṣṭhite⑰ bodhaya bodhaya⑱ bodhi bodhi⑲ buddhya buddhya⑳ saṁ=
bodhani saṁbodhaya㉑ cala cala㉒ calamtu㉓ sarvāvaraṇani㉔ sarvapāpa-
vigate㉕ huru huru㉖ sarva-śaka-vigata㉗ sarva-tathāgata-hṛdaya-vajraṁ㉘
sambhara sambhara㉙ sarva-tahtāgata-guhya-dhāraṇi-mudri㉚ buddhe subud=
dhe㉛ sarva-tathāgatādhiṣṭhita㉜ dhātu-garbe㉝ svāhā㉞ samayādhiṣṭhite㉟
svāhā㊱ sarva-tathāgata-hṛdaya-dhātu-mudri㊲ svāhā㊳ supratiṣṭhita-stūpe㊴
tathāgatādhiṣṭhite㊵ huru huru hūṁ hūṁ㊶ svāhā㊷ oṁ㊸ sarva-tathā=
gata-uṣnisa-dhāraṇi㊹ sarva-tathāgataṁ-dhātu-vibhūṣitādhiṣṭhite㊺ hūṁ hūṁ㊻
svāhā㊼

歸命① 三世一切如來② 唵（供養之義）③ 安立心地④ 宣説⑤ 能辯⑥
諦聽諦聽受持受持⑦ 一切如來界奉持⑧ 蓮華發生⑨ 摧伏最妙⑩ 印母尊⑪ 憶
念⑫ 如來法輪轉金剛⑬ 菩提道場⑭ 莊嚴作⑮ 莊嚴所作⑯ 一切如來加持⑰
覺覺⑱ 開悟開悟⑲ 大覺大覺⑳ 覺知成大妙覺㉑ 遷流遷流㉒ 捐滅㉓ 一切惡

趣消滅㉔ 一切罪業斷除㉕ 除去除去㉖ 一切眾苦斷除㉗ 一切如來心金剛㉘ 滿足滿足㉙ 一切如來秘密總持印㉚ 覺妙覺㉛ 一切如來加持㉜ 舍利藏（寶篋）㉝ 成就㉞ 三昧加持㉟ 成就㊱ 一切如來心界印㊲ 成就㊳ 勝妙建立塔㊴ 如來加持㊵ 除去除去·吽吽（擁護之義）㊶ 成就㊷ 唵㊸ 一切如來佛頂總持印㊹ 一切如來界莊嚴加持㊺ 吽吽（擁護之義）㊻ 成就㊼

大般若理趣分

《大般若波羅蜜多經》（略稱《大般若經》），唐·玄奘譯，爲諸部般若經之集大成者。全經共有四處十六會六百卷。〈般若理趣分〉即爲其中之第十會，乃佛爲諸菩薩說一切法甚深微妙般若理趣清淨法門等。

◎第一神咒

納慕薄伽筏帝① 鉢刺壤波囉弭多曳② 薄底筏攃羅曳③ 罨跛履弭多寠拏曳④

薩縛呾他揭多跋履布視多曳⑤ 薩縛呾他揭多奴壤多奴壤多郯壤多曳⑥ 呾姪他⑦
鉢剌吟鉢剌吟⑧ 莫訶鉢剌吟⑨ 鉢剌壤婆娑羯囉⑩ 鉢剌壤路迦羯囉⑪ 案馱迦
囉毗談末泥⑫ 悉遮⑬ 蘇悉遮⑭ 悉殿都漫薄伽筏底⑮ 薩防伽孫達囉⑯ 薄底筏
攃囇⑰ 鉢剌娑履多喝悉帝⑱ 參磨濕嚩婆羯囇⑲ 郭咜郭咜⑳ 悉咜悉咜㉑ 劍波
劍波㉒ 漸羅漸羅㉓ 曷邏嚩曷邏嚩㉔ 阿揭車阿揭車㉕ 薄伽筏底㉖ 壓毗濫婆㉗
莎訶㉘

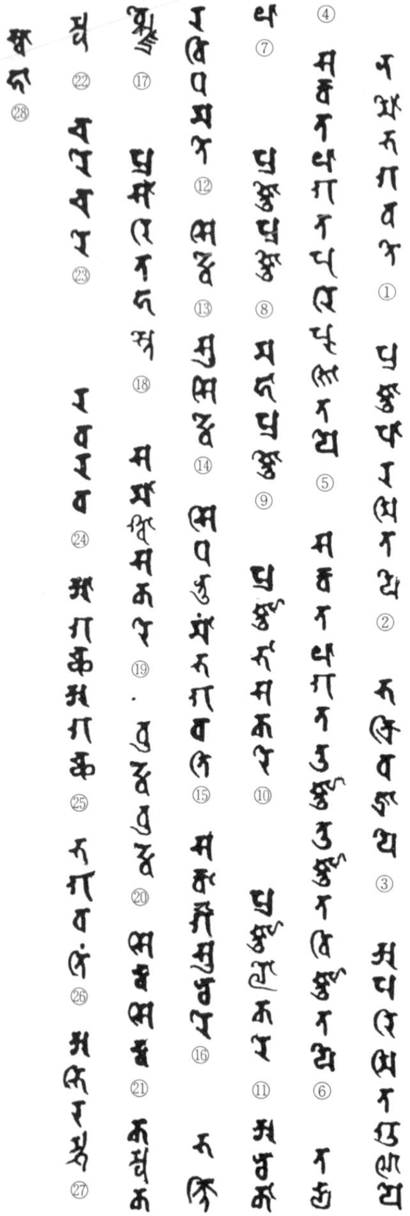

namo bhagavate① prajñāpāramitaye② bhakrivajraye③ aparimitaguṇaye④

sarva-tathāgata-paripūjitaye⑤ sarva-tathāgatanu-jñānujñāta-vijñātaye⑥ tad-yathā⑦
prajñe prajñe⑧ mahā-prajñe⑨ prajñā-bhāsakare⑩ prajñā-lokare⑪ andhak=
āra-vidhamane⑫ siddhe⑬ susiddhe⑭ sidhantu-māṁ-bhagavati⑮ sarvāṅga-
sundhare⑯ bhaktivsjre⑰ prasārita-haste⑱ samāśvāsakare⑲ buddha bud=
dha⑳ siddha siddha㉑ kampa kampa㉒ care care㉓ rava rava㉔ āgac=
cha āgaccha㉕ bhagavatiṁ㉖ abhirambha㉗ svāhā㉘

歸命世尊① 般若波羅蜜多母② 恭敬金剛③ 無量增加④ 一切如來供養⑤
一切如來妙智能知覺了⑥ 即說⑦ 妙智妙智⑧ 大妙智⑨ 妙智明示⑩ 妙智世界⑪
無明除滅⑫ 成就⑬ 妙成就⑭ 成究竟我世尊⑮ 一切相好絕妙美⑯ 歸依⑰ 開
敷手⑱ 救護能作⑲ 覺者覺者⑳ 成就成就㉑ 震動震動㉒ 行行㉓ 叫叫㉔ 來來㉕
世尊㉖ 令歡喜㉗ 成就㉘

⊙第二神咒

納慕薄伽筏帝① 鉢剌壤波囉弭多曳② 怛姪他③ 牟尼達謎④ 僧揭洛訶達

謎⑤　遏奴揭洛訶達謎⑥　毗目底達謎⑦　薩馱奴揭洛訶達謎⑧　吠室洛末拏達謎⑨
參漫多奴跋履筏剌呾那達謎⑩　窶拏僧揭洛訶達謎⑪　薩縛迦羅跛履波剌那達
謎⑫　莎訶⑬

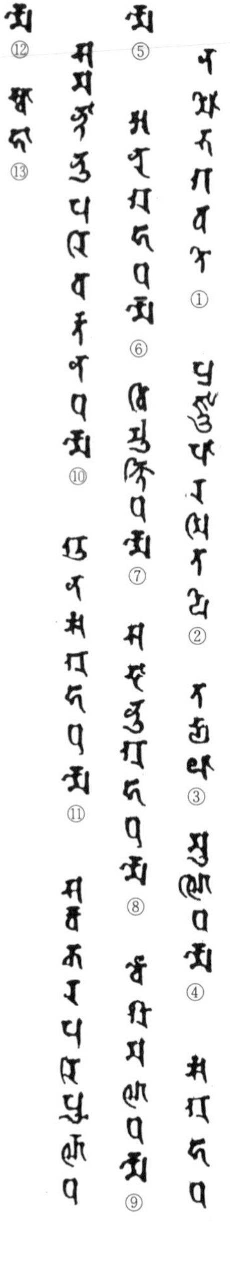

namo bhagavate①　prajñāpāramitaye②　tad-yathā③　muṇidharme④
saṃgrahadharme⑤　anugrahadharme⑥　vimuktidharme⑦　sadānugrahad=
harme⑧　vaiśramaṇadharme⑨　samantānuparivartanadharme⑩　guṇa-saṃ=
grahadharme⑪　sarva-kara-paripūrṇa-dharme⑫　svāhā⑬

歸命世尊①　般若波羅蜜多母②　即說③　聖者法④　取得法⑤　攝受法⑥　得
解脫法⑦　常恒受持法⑧　寂靜法⑨　普遍轉依法⑩　功德攝受法⑪　一切能作圓滿
法⑫　成就⑬

◉第三神咒

納慕薄伽筏帝① 鉢剌壤波囉弭多曳② 呾姪他③ 室囇曳④ 室囇曳⑤ 室囇曳⑥ 室囇曳細⑦ 莎訶⑧

namo bhagavate① prajñāpāramitaye② tad-yathā③ śriye④ śriye⑤ śriye⑥ śriyese⑦ svāhā⑧

歸命世尊① 般若波羅蜜多母② 即說③ 吉祥④ 吉祥⑤ 吉祥⑥ 吉祥⑦ 成就⑧

消災吉祥陀羅尼

消災吉祥陀羅尼，又稱消災咒、消災吉祥咒、消災真言、消災陀羅尼或消災妙吉祥陀羅尼。乃禪林所用四陀羅尼之一，也是密教通用的息災法。爲消除諸種災害，成就一切吉祥事之神咒。

此咒出於《熾盛光大威德消災吉祥陀羅尼經》（唐·不空譯）及《大威德金輪佛熾盛光如來消滅一切災難陀羅尼經》（譯於唐代，譯者佚名）。依勅修《百丈清規》卷一所記載，不論是祈晴或祈雨，皆可用此咒。

⊙消災吉祥陀羅尼

曩謨① 三滿哆② 沒馱南③ 阿鉢羅底賀多舍娑娜喃④ 怛姪他⑤ 唵⑥ 佉佉⑦ 佉呬佉呬⑧ 吽吽⑨ 入嚩羅⑩ 入嚩羅⑪ 鉢羅入嚩羅⑫ 鉢羅入嚩羅⑬ 底瑟姹⑭ 底瑟姹⑮ 瑟致哩⑯ 瑟致哩⑰ 薩普吒⑱ 薩普吒⑲ 扇底迦⑳ 室哩曳㉑ 娑嚩賀㉒

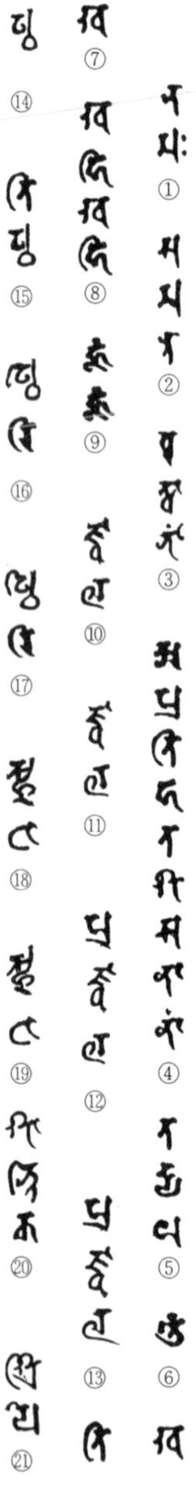

 ㉒

namaḥ① samanta② buddhānāṁ③ apratihataśasanānāṁ④ tad-yatha⑤ oṁ⑥ kha kha⑦ khahi khahi⑧ hūṁ hūṁ⑨ jvala⑩ jvala⑪ prajvala⑫ prajvala⑬ tiṣṭha⑭ tiṣṭha⑮ ṣṭhiri⑯ ṣṭhiri⑰ sphuṭa⑱ sphuṭa⑲ śāntika⑳ śriye㉑ svāhā㉒

歸命① 普遍② 諸佛③ 無能勝諸法教④ 即說⑤ 唵（三身具足之義）⑥ 空⑦ 噉食極噉食⑧ 吽吽（能破之義）⑨ 光明⑩ 光明⑪ 熾盛光明⑫ 熾盛光明⑬ 發起⑭ 止住⑮ 無相⑯ 無說⑰ 解縛⑱ 解縛⑲ 息災⑳ 吉祥㉑ 成就㉒

佛頂尊勝陀羅尼

佛頂尊勝陀羅尼（梵語 uṣṇīṣa-vijaya-dhāraṇī），全稱淨除一切惡道佛頂尊勝陀羅尼，又稱爲尊勝陀羅尼、清淨諸趣佛頂、最勝陀羅尼、一切如來烏瑟膩沙最勝總持、延壽陀羅尼、善吉祥陀羅尼等。是爲顯明尊勝佛頂尊內證功德之陀羅尼。

依據佛陀波利所譯《佛頂尊勝陀羅尼經》的記載，此陀羅尼乃是佛陀爲了救拔善住天子將受七度畜生惡道身之業而宣說。能滅除一切罪業等障，破除一切穢惡道之苦。凡是能受持、書寫、供養、讀誦此陀羅尼，或安置於窣都婆、高幢、樓閣等供養，可得淨一切惡道、消除罪障、增長壽命、往生極樂的種種殊勝功德。密宗修行者或朝夕讀誦，或爲亡者迴向時誦之；而禪門在課誦時，也常念誦此咒。在中國及日本，有頗多信持此陀羅尼者，靈驗亦不少。

◎佛頂尊勝陀羅尼

曩謨① 婆誐嚩帝② 怛喇路枳也③ 鉢囉底尾始瑟吒野④ 沒馱野⑤ 婆誐嚩帝⑥ 怛儞也他⑦ 唵⑧ 尾戍馱野⑨ 娑麼娑麼三滿哆嚩婆娑⑩ 娑頗囉拏⑪ 蘖底誐賀曩⑫ 娑嚩婆嚩尾秫弟⑬ 阿鼻詵左覩鈐⑭ 素蘖哆⑮ 嚩囉嚩左曩⑯ 阿蜜嘌哆鼻曬罽⑰ 摩賀曼怛囉播乃⑱ 阿賀囉阿賀囉⑲ 阿庾散馱囉柅⑳ 戍馱野戍馱野㉑ 誐誐曩尾秫弟㉒ 鄔瑟膩灑㉓ 尾惹野尾秫弟㉔ 娑賀娑囉囉濕銘㉕ 散咀

儞帝㉖ 薩嚩怛他蘖哆㉗ 嚩路迦顊㉘ 殺播囉弭哆㉙ 跛哩布囉抳㉚ 薩嚩怛他蘖哆㉛ 紇哩娜野㉜ 地瑟姹曩地瑟耻跢㉝ 摩賀母捺哩㉞ 嚩日囉迦野㉟ 僧賀跢曩尾秫弟㊱ 薩嚩嚩囉拏跛野訥蘖帝跛哩尾秫弟㊲ 鉢囉底顊韈多野阿欲秫弟㊳ 三摩野地瑟耻帝㊴ 麼柅麼柅㊵ 摩賀麼柅㊶ 怛闥哆部跢句致跛哩秫弟㊷ 尾窣普吒沒地秫弟㊸ 惹野惹野㊹ 尾惹野尾惹野㊺ 娑麼囉㊻ 薩嚩沒馱地瑟耻哆秫弟㊼ 嚩日哩㊽ 嚩日囉蘖陛㊾ 嚩日嚂婆嚩覩㊿ 麼麼舍哩嚂(51) 薩嚩薩怛嚩難左迦野尾秫弟(52) 薩嚩誐帝跛哩秫弟(53) 薩嚩怛他蘖跢(54) 三麼濕嚩娑演覩(55) 薩嚩怛他蘖哆(56) 三麼濕嚩娑地瑟耻帝(57) 沒地野沒地野尾沒地野(58) 冒馱野冒馱野尾冒馱野尾冒馱野(59) 三滿哆(60) 跛哩秫弟(61) 薩嚩怛他蘖哆(62) 紇哩娜野地瑟姹曩地瑟恥哆(63) 摩賀母捺嚛(64) 娑嚩賀(65)

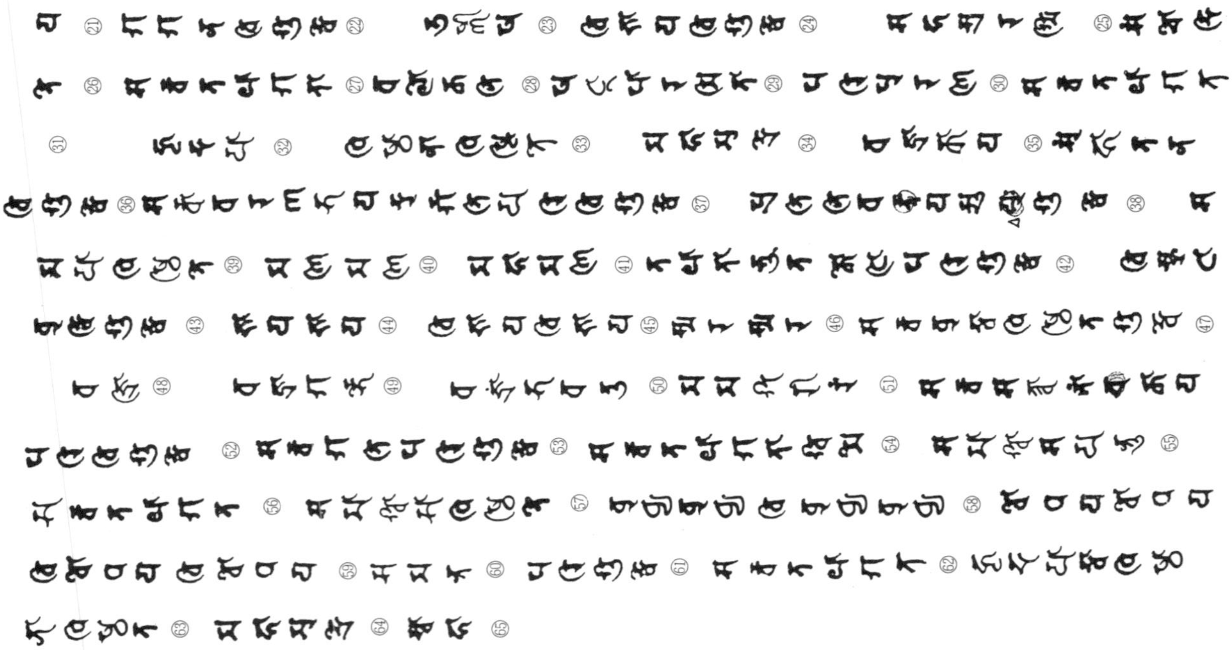

namo① bhagavate② trailokya-③ prativiśiṣṭāya④ buddhāya⑤ bhagavate⑥
tad yathā⑦ oṁ⑧viśodhaya viśodhaya⑨ samāsama samantāvabhāsa-⑩ sphara=ṇa-⑪ gati-gahana-⑫ svābhāva-visuddhe⑬ abhiṣiñcatu māṁ⑭ sugata-⑮

vara-vacanā⑯ mṛtābhiṣekair⑰ mahā-mantra-padair⑱ āhara āhara⑲ āyuḥ-
saṁdhāraṇi⑳ śodhaya śodhaya㉑ gagana-viśuddhe㉒ uṣṇīṣa-㉓ vijaya-
viśuddhe㉔ sahasra-raśmi-㉕ saṁcodite㉖ sarva-tathāgatā㉗ valokani㉘ ṣaṭ-
pāramitā-㉙ paripūraṇi㉚ sarva-tathāgata-㉛ hṛdayā㉜ dhiṣṭhānādhi-ṣṭhite㉝
mahā-mudre㉞ vajra-kāya-㉟ saṁhātana-viśuddhe㊱ sarvāvaraṇa-bhaya-dur=
gati-pariviśuddhe㊲ pratinivartaya āyuḥ-śuddhe㊳ samayādhiṣṭhite㊴ maṇi
maṇi㊵ mahāmaṇi㊶ tathātā-bhūta-koṭi-pariśuddhe㊷ visphuṭa-buddhi-śuddhe㊸
jaya jaya㊹ vijaya vijaya㊺ smara <u>smara</u>㊻ sarva-buddhādhiṣṭhita-śuddhe㊼
vajri㊽ vajra-garbhe㊾ vajraṁ bhavatu㊿ mama śarīraṁ(51) sarva-sattvānāṁś
ca kāya-pariviśuddhe(52) sarva-gati-pariśuddhe(53) sarva-tathāgatāś ca me(54)
samāśvāsayantu(55) sarva-tathāgata-(56) samāśvāsādhiṣṭhite(57) budhya bud=
hya vibudhya <u>vibudhya</u>(58) bodhaya bodhaya vibodhaya vibodhaya(59)
samanta-(60) pariśuddhe(61) sarva-tathāgata-(62) hṛdayādhiṣṭhānādhiṣṭhita-(63)
mahā-mudre(64) svāhā(65)

歸命① 世尊② 三世③ 最殊勝④ 大覺⑤ 世尊⑥ 所謂⑦ 唵（三身具足、或一切法不生、或無見頂相）⑧ 清淨⑨ 普遍照燿⑩ 舒遍⑪ 六趣稠林⑫ 自然清淨⑬ 引灌頂我⑭ 善逝⑮ 殊勝教⑯ 甘露灌頂⑰ 解脫法身⑱ 唯願攝受唯願攝受（或又爲遍攘災難脫諸苦惱之義）⑲ 堅住持壽命⑳ 淨淨㉑ 如虛空清淨㉒ 佛頂㉓ 最勝清淨㉔ 千光明㉕ 驚覺㉖ 一切如來㉗ 觀察㉘ 六度㉙ 圓融㉚ 一切如來㉛ 心㉜ 神力加持㉝ 大契印㉞ 金剛鉤㉟ 鎖身清淨㊱ 一切障清淨㊲ 壽命皆得清淨㊳ 誓願加持㊴ 寶珠㊵ 大寶珠㊶ 遍淨㊷ 顯現智慧㊸ 勝利㊹ 最勝最勝㊺ 念持定慧相應㊻ 一切諸佛加持清淨㊼ 金剛㊽ 金剛藏㊾ 願成如金剛㊿ 是我之義(51) 一切有情身得清淨(52) 一切趣皆清淨(53) 一切如來(54) 皆共護持(55) 一切如來(56) 安慰令得加持(57) 所覺所覺(58) 能令覺悟能令有情速得覺悟(59) 普遍清淨(60)(61) 一切如來(62) 神力所持(63) 大契印(64) 吉祥(65)

仁王般若陀羅尼

仁王般若陀羅尼，又稱爲仁王咒，出自《仁王護國般若波羅蜜多經》卷下〈奉持品〉。在《仁王經》卷下〈奉持品〉中，金剛手菩薩等，稟告世尊說：「世尊，我等本願承佛神力，十方世界一切國土，若有此經受持、讀誦、解說之處，我當各與如是眷屬，於一念頃，即至其所。守護正法、建立正法，令其國界無諸災難，刀兵、疾疫一切皆除。世尊！我有陀羅尼，能加持擁護，是一切佛本所修行速疾之門。若人得聞一經於耳，所有罪障悉皆消滅，況復誦習而令通利，以法威力，當令國界永無眾難。」於是在佛前異口同音宣說此仁王陀羅尼。

《仁王護國般若波羅蜜經》又稱作《仁王般若波羅蜜經》、《仁王經》或《仁王般若經》，爲佛陀爲波斯匿王等十六大國王說示守護佛果、十地之行，及守護國土之因緣。若有講說受持此經，則可息災得福。此經與《法華經》、《金光明經》並稱護國三部經。

⊙仁王般若陀羅尼

娜莫囉怛娜怛囉夜野① 娜莫阿哩夜吠嚕者娜野② 但他蘖多夜囉訶諦③ 三藐三沒馱野④ 娜莫阿哩野⑤ 三滿多跛捺囉野⑥ 冒地薩怛嚩野⑦ 摩訶薩怛嚩野⑧ 摩賀迦嚕抳迦野⑨ 怛儞野他⑩ 枳穰娜鉢囉儞閉⑪ 惡乞叉野句勢⑫ 鉢囉底婆娜嚩底⑬ 薩嚩沒馱嚩路枳諦⑭ 瑜誐跛哩儞澁跛寧⑮ 儼避囉努囉嚩誐係⑯ 底哩野特嚩⑰ 跛哩儞澁跛寧⑱ 冒地質多散惹娜儞⑲ 薩嚩毗曬迦毗色訖諦⑳ 達磨娑誐囉三步諦㉑ 阿慕伽室囉嚩儜㉒ 摩賀三滿多跛捺囉步彌㉓ 涅哩野諦㉔ 尾野羯囉拏㉕ 跛哩鉢囉跛儞㉖ 薩嚩悉馱㉗ 娜磨塞訖哩諦㉘ 薩嚩冒地薩怛嚩㉙ 散惹娜儞㉚ 婆誐嚩底㉛ 沒馱麼諦㉜ 阿囉儞迦囉孃㉝ 阿囉拏迦囉孃㉞ 摩賀鉢囉枳穰㉟ 播囉弭諦娑嚩賀㊱

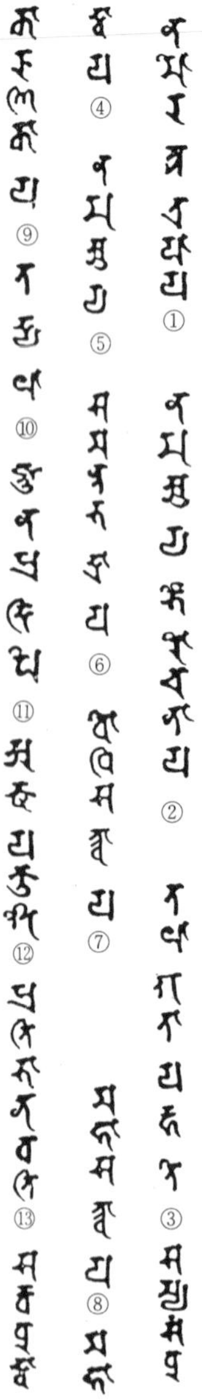

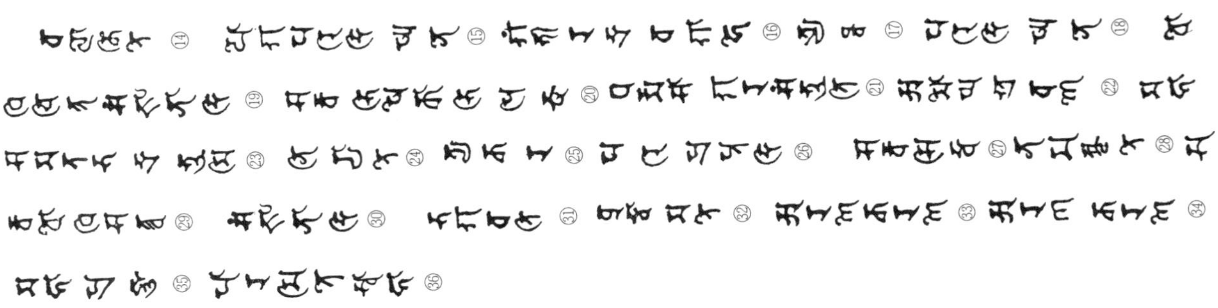

namo ratna-trayāya① nama ārya-vairocanāya② tathāgatāyārhate③ saṃyak-sambuddhāya④ nama ārya-⑤ samanta-bhadrāya⑥ bodhisattvāya⑦ mahā-sattvāya⑧ mahā-kāruṇikāya⑨ tad-yathā,⑩ jñāna-pradīpe-⑪ akṣaya-kośe⑫ pratibhānavati⑬ sarva-buddhāvalokite⑭ yoga-pariniṣpanne⑮ gambhīra-duravagāhe⑯ try-adhva-⑰ pariniṣpanne⑱ bodhi-citta-saṃjānāni⑲ sarvābhiṣ=ekābhiṣikte⑳ dharma-sāgara-saṃbhūt i㉑ amogha-śravaṇe㉒ mahā-samanta-bhadra-bhūmi-㉓ niryāte㉔ vyākara（ṇa）-㉕ pari-prāptaṇi㉖ sarva-siddha-㉗ namaskṛte㉘ sarva-bodhi-sattva-㉙ saṃjānāni㉚ bhagavati-㉛ buddhamāte㉜ araṇe akaraṇe㉝ araṇakaraṇe㉞ mahā-prajñā-㉟ pāramite svāhā㊱

歸命三寶① 歸命聖者大日② 如來應供③ 正遍知④ 歸命聖者⑤ 普賢⑥菩薩⑦ 大菩薩⑧ 大悲者⑨ 所謂⑩ 智燈⑪ 無盡藏⑫ 説法自在⑬ 一切佛所觀察⑭ 瑜伽圓成⑮ 甚深難測⑯ 三世⑰ 圓滿成就⑱ 能生菩提心⑲ 一切灌灑灌頂⑳ 法海出生㉑ 無間悉皆住持不忘失㉒ 大普賢地㉓ 出㉔ 記別（授記）㉕獲得㉖ 一切成就者㉗ 敬禮㉘ 一切菩薩㉙ 出生㉚ 釋世尊㉛ 佛母㉜ 無諍無造作㉝ 無諍無動㉞ 大慧㉟ 到彼岸無住涅槃㊱

光明眞言

《不空羂索毗盧遮那佛大灌頂光真言經》，唐不空譯，略稱作《光明真言經》，別出自《不空羂索經》二十八〈灌頂真言成就品〉。其中所舉光明真言係密教陀羅尼之一，爲大日如來之真言、一切諸佛菩薩之總咒。又名不空大灌頂光真言、大灌頂光真言，略稱光言。

據《光明真言經》中記載：「若有眾生隨處得聞此大灌頂光真言。二三七遍經耳根者，即得除滅一切罪障。（中略）身壞命終墮諸惡道，以是真言加持土沙一百八遍，尸陀林中散亡者屍骸上，或散墓上。（中略）神通威力加持土沙之力，應時即得光明及身除諸罪報，捨所苦身，往於西方極樂國土，蓮華化生乃至菩提更不墮落。」另外，亦能除滅現世病障、鬼嬈、眼病、毒蟲之害等。可見其功德之殊勝與不可思議。

關於此真言之本尊，異說紛紜。或謂大日，而在《覺禪鈔》中或言不空羂索觀音，或言阿彌陀佛爲本尊等。

此陀羅尼流傳甚早，如新羅．元曉《遊心安樂道》及契丹．道殿《顯密圓通成佛心要集》皆有引用。在日本，自明慧上人（高弁）依據《光明真言加持土沙義》，宣揚光明真言信仰以來，真言、天台及其他諸宗常於施餓鬼會與日常法會中念誦。甚至塔婆亦有刻記，迄今仍然盛行。

又，依此法儀軌以修之密法，謂之爲「光明真言法」，此法主滅罪、除病、息災，尤其是滅罪所修。如依此法加持土沙散佈於亡者墓上，則稱爲「土沙加持作法」。

以光明真言之每一梵字排列成字輪之曼荼羅，稱爲「光明真言曼荼羅」或「光明真言破地獄曼荼羅」，乃取光明真言一字所放之光明，遍照眾生界，破無明煩惱黑暗之意。此曼荼羅爲生死出離之大祕法，與惡罪頓滅之大神咒，由其功德可破碎地獄門，開顯菩提之道。

⊙光明真言

唵① 阿謨伽② 尾盧左曩③ 摩訶母捺囉④ 麼抳⑤ 鉢頭麼⑥ 入嚩攞⑦ 鉢囉韈哆野⑧ 吽⑨

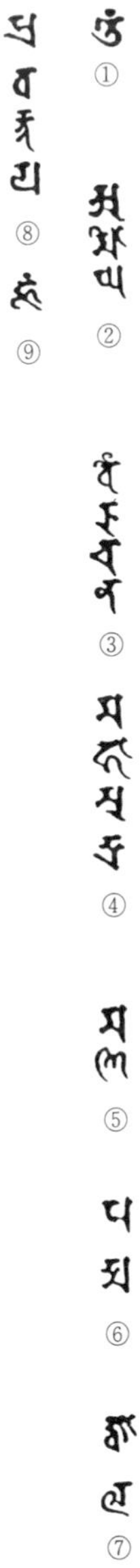

oṁ① amogha② vairucana③ mahāmudra④ maṇi⑤ padma⑥ jvala⑦ pravarttaya⑧ hūṁ⑨

歸命① 不空② 大日遍照③ 大印④ 寶珠⑤ 蓮華⑥ 光明⑦ 發生、轉⑧ 金剛不壞⑨

全句詳釋爲「由彼大日如來之不空真實大印，衍生寶珠、蓮華、光明等功德，以如來大威神力，照破無明煩惱，轉地獄之苦，令生於淨土。」

楞嚴咒

楞嚴咒又名中印度那蘭陀曼荼羅灌頂金剛大道場神咒，出自《楞嚴經》卷第七，經中記載，佛陀於宣說此咒後，並頌揚此咒乃佛頂光聚悉怛多般怛羅祕密伽陀微妙章句，出十方一切諸佛。十方如來因此咒心，得成無上正遍知覺。十方如來執此咒心，降伏諸魔制諸外道。十方如來乘此咒心，坐寶蓮華應微塵國……等等有如是微妙殊勝不可思議功德。其效驗古來更是多有流傳，被視為咒中之王，為中國寺院早課必誦的功課。而此咒的出處《楞嚴經》除了傳統上一向被視為密教經典，與密教關係密切外，更是常與《法華經》並舉，有「開悟楞嚴，成佛法華」的說法，可知其受到的崇敬一斑。

⊙楞嚴咒——四百三十九句版本

南牟薩怛他蘇伽哆耶（一）① 阿囉訶帝三藐三菩陀耶（二）② 娜牟薩婆勃陀（三）③ 勃

地薩哆吠弊四④ 娜牟颯哆喃三藐三菩陀具胝喃五 薩失囉皤迦僧伽喃六⑤ 娜牟嚧
雞阿囉喝哆喃七 娜牟蘇嚕哆半那喃八 娜牟塞羯唎陀伽彌喃九⑥ 娜牟盧鷄三藐
伽哆喃十 娜牟三藐鉢囉底半那喃十一⑦ 娜牟提婆唎史喃十二⑧ 娜牟微悉陀耶微地也
陀囉喃十三 娜牟悉陀微地也陀囉嘌史喃十四⑨ 舍波拏揭囉訶娑訶摩囉陀喃十五⑩ 娜
牟皤囉訶摩墾十六⑪ 娜牟因陀囉耶十七⑫ 娜牟婆伽嚩帝十八 嚕陀囉耶十九 烏摩鉢底娑
醯夜耶二十⑬ 娜牟婆伽筏帝二十一 那囉延拏耶二十二⑭ 半遮摩訶沒陀囉二十三 娜牟塞訖哩
多耶二十四⑮ 娜牟婆伽筏帝摩訶迦囉耶二十五⑯ 底哩補囉那伽囉二十六 毗陀囉皤拏迦囉
耶二十七⑰ 阿底目多迦尸摩舍那縛悉埿二十八 摩怛唎伽拏二十九 娜牟塞訖唎多耶三十⑱ 娜
牟婆伽筏帝怛他揭多俱囉耶三十一⑲ 娜牟鉢頭摩俱囉耶三十二⑳ 娜牟筏折囉俱囉耶三十三㉑
娜牟摩尼俱囉耶三十四㉒ 娜牟伽闍俱囉耶三十五㉓ 娜牟婆伽筏帝三十六 地唎茶輸囉哂那
三十七 鉢囉訶囉拏囉闍耶三十八 怛他揭多耶三十九㉔ 娜牟婆伽筏帝四十 阿彌陀婆耶四十一
怛他揭多耶四十二 阿囉訶帝三藐三菩陀耶四十三㉕ 娜牟婆伽筏帝四十四 阿芻鞞也四十五 怛他
揭多耶四十六 阿羅訶帝三藐三菩陀耶四十七㉖ 娜牟婆伽筏帝四十八 毗沙闍俱嚕吠蹠璃唎
耶四十九 鉢囉婆囉闍耶五十 怛他揭多耶五十一 阿囉訶帝三藐三菩陀耶五十二㉗ 娜牟婆伽筏

帝五十三　三布瑟畢多娑囉囉闍夜五十四　怛他揭多耶五十五　阿囉訶帝三藐三菩陀耶五十六㉘
娜牟婆伽筏帝五十七　舍枳也母娜曳五十八　怛他揭多耶五十九　阿囉訶帝三藐三菩陀耶六十㉙
娜牟婆伽筏帝六十一　囉怛那俱蘇摩六十二　鷄都囉闍耶六十三　怛他揭多耶六十四　阿羅訶帝
三藐三菩陀耶㉚帝瓢六十五　娜牟塞訖哩多皤翳摩含婆伽筏多六十六　薩怛他揭都烏瑟尼
衫六十七　悉怛多鉢怛嚂六十八　娜牟阿波囉支單六十九　鉢羅登擬囉七十㉛　薩嚩部多揭囉訶迦
囉尼七十一　波囉微地也掣陀偏七十二㉜　阿哥囉微哩駐七十三　波唎怛囉耶那揭唎七十四㉝　薩
嚩畔陀那悁乞叉那迦唎七十五㉞　薩嚩突瑟吒七十六　突莎般那偏縛囉尼七十七㉟　者都囉室
底喃七十八　揭囉訶娑訶娑囉喃七十九　微陀防娑那羯哩八十㊱　阿瑟吒冰設底喃八十一　諾剎
怛囉喃八十二　鉢囉娑陀那羯哩㊲　阿瑟吒喃八十三　摩訶揭囉訶喃八十四　微陀防薩那羯哩
八十五㊳　薩嚩舍都嚕偏嚩囉尼八十六㊴　巨囉喃八十七　突室乏鉢那難遮那舍尼八十八㊵　毗沙設
薩怛囉喃八十九　阿祁尼九十　烏陀迦囉尼九十一㊶　阿波囉視多具囉九十二㊷　摩訶跋囉戰拏九十三
摩訶提哆九十四　摩訶帝闍九十五㊸　摩訶稅尾多九十六　什伐囉九十七　摩訶跋囉九十八　半茶囉嚩
悉偏九十九㊹　阿唎耶多囉一百　毗哩俱知制嚩毗闍耶百一㊺　筏折囉摩禮底毗輸嚕多百二　鉢
踏罔迦百三　跋折囉兒訶縛者百四㊻　摩囉制縛百五　般囉室多百六　跋折囉檀持百七　毗舍羅

摩遮百八　扇多舍毗提嚩布室哆㊼　蘇摩嚕波百九　摩訶稅尾多百十　阿哩耶多羅百十一　摩
訶跛囉㊽阿波囉百十二　跛折囉商羯囉制婆百十三　怛他跛折囉俱摩唎迦百十四　俱嚂吔唎百十五
跛折囉訶薩哆者百十六㊾　微地也百十七　乾遮那摩唎迦百十八　俱蘇婆喝囉怛囉怛那百十九㊿
毗嚕遮耶那俱唎耶百二十(51)　韜淡夜囉烏瑟尼沙百二十一　毗折藍婆摩邏遮百二十二　跛折囉迦那
迦百二十三　鉢囉婆吒遮那百二十四(52)　跛折囉敦尼遮百二十五　稅尾多遮迦摩囉乞叉百二十六　舍施鉢囉
婆(53)翳帝夷帝百二十七　母陀囉尼揭拏百二十八　娑吠囉乞懺百二十九(54)　俱囉飯都印兔那麼麼那寫
百三十(55)　嗚吽牟哩瑟揭拏百三十一　鉢囉舍薩多百三十二　薩怛他揭都百三十三　烏瑟尼沙百三十四　呼吽咄
嚕吽百三十五(56)　瞻婆那百三十六　呼吽咄嚕吽百三十七　薩耽婆那百三十八　呼吽咄嚕吽百三十九(57)　婆囉微地
也三婆乞叉那囉百四十　呼吽咄嚕吽百四十一(58)　薩婆部瑟吒喃百四十二　塞曇婆那羯囉百四十三　呼吽
咄嚕吽百四十四(59)　薩嚩藥叉百四十五　喝囉剎娑揭囉訶喃百四十六　毗陀防娑那羯囉百四十七　呼吽咄嚕
吽百四十八(60)　者都羅尸底喃百四十九　揭囉訶娑囉喃百五十　毗陀防娑那羯囉百五十一　呼吽咄嚕吽百五十二
(61)　阿瑟吒微摩舍帝喃百五十三　那佉沙怛囉喃百五十四　婆囉摩馱那伽囉百五十五　呼吽咄嚕吽百五十六
(62)　囉剎囉剎百五十七(63)　薄伽梵百五十八　薩怛他揭都烏瑟尼沙百五十九(64)　鉢囉登擬哩百六十　摩訶薩
訶薩囉部兒百六十一　娑訶薩囉室曬百六十二　俱胝舍多娑訶薩囉寧怛㘑百六十三(65)　阿弊地也什嚩

哩多那吒迦 百六十四 (66) 摩訶跋折嚕陀囉 百六十五 帝哩菩囀那 百六十六 曼茶囉 百六十七 (67) 嗚吽莎悉底

百六十八 薄婆都 百六十九 (68) 印毱麼麼 百七十 (69) 囉闍婆夜 百七十一 主囉婆夜 百七十二 阿祇尼婆夜 百七十三 烏

陀迦婆夜 百七十四 吠沙婆夜 百七十五 (70) 舍薩多囉婆夜 百七十六 波囉斫羯囉婆夜 百七十七 突嘌叉婆夜

百七十八 阿舍沙婆夜 百七十九 阿迦囉沒嘌駐婆夜 百八十 (71) 阿陀囉尼部彌劍波 百八十一 伽波哆婆夜

百八十二 烏囉囉迦波多婆夜 百八十三 (72) 囉闍彈茶婆夜 百八十四 那伽婆夜 百八十五 微地揄婆夜 百八十六 蘇

跋嘌尼婆夜 百八十七 (73) 藥叉揭囉訶 百八十八 羅剎娑揭囉訶 百八十九 畢唎哆揭囉訶 百九十 (74) 毗舍遮

揭囉訶 百九十一 部多揭囉訶 百九十二 鳩槃茶揭囉訶 百九十三 布單那揭囉訶 百九十四 羯吒布單那揭

囉訶 百九十五 (75) 塞揵陀揭囉訶 百九十六 阿婆娑摩囉揭囉訶 百九十七 烏檀摩陀揭囉訶 百九十八 車耶揭

囉訶 百九十九 梨婆底揭囉訶 二百 (76) 闍底訶哩泥 二百一 羯囉婆訶哩泥 二百二 嚧地囉訶哩泥 二百三 (77)

芒娑訶哩泥 二百四 計陀訶哩泥 二百五 摩闍訶哩泥 二百六 闍多訶哩泥 二百七 視吠哆訶哩泥

二百八 (78) 婆多訶哩泥 二百九 皤多訶哩喃阿輸遮訶哩泥 二百一十 質多訶哩泥 二百十一 (79) 帝衫薩毗

衫 二百十二 薩囀揭囉訶喃 二百十三 毗地也 二百十四 嗔陀夜彌 二百十五 枳囉夜彌 二百十六 (80) 波哩跋囉斫迦

羅 二百十七 訖哩擔微地也 二百十八 嗔陀夜彌 二百十九 枳囉夜彌 二百二十 (81) 茶枳尼 二百二十一 訖哩擔微地

也 二百二十二 嗔陀夜彌枳囉夜彌 二百二十三 (82) 摩訶鉢輸鉢底夜 二百二十四 嚕陀囉 二百二十五 訖哩耽微地

也（二百二十六） 嗔陀夜彌枳羅夜彌（二百二十七）(83) 那囉耶拏耶（二百二十八） 訖哩耽微地也（二百二十九） 嗔陀夜彌
枳囉夜彌（二百三十）(84) 怛怛嚩伽嚕茶（二百三十一） 訖哩耽微地也（二百三十二） 嗔陀夜彌枳羅夜彌（二百三十三）(85)
摩訶迦羅（二百三十四） 摩怛囉伽拏訖哩耽微地也（二百三十五） 嗔陀夜彌枳羅夜彌（二百三十六）(86) 迦波哩
迦（二百三十七） 訖哩耽微地也（二百三十八） 嗔陀夜彌枳囉夜彌（二百三十九）(87) 闍夜羯囉（二百四十） 曼度羯囉
（二百四十一） 薩婆囉他娑達儞（二百四十二） 訖哩耽微地也（二百四十三） 嗔陀夜彌枳囉夜彌（二百四十四）(88) 者都嘌
薄祁儞（二百四十五） 訖哩耽微地也（二百四十六） 嗔陀夜彌（二百四十七） 枳囉夜彌（二百四十八）(89) 憑儀哩知（二百四十九）
難泥雞首婆囉（二百五十） 伽那鉢底（二百五十一） 娑醯夜（二百五十二） 訖哩耽微地也（二百五十三） 嗔陀夜彌（二百五十四）
枳囉夜彌（二百五十五）(90) 那延那室囉婆拏（二百五十六） 訖哩耽微地也（二百五十七） 嗔陀夜彌（二百五十八） 枳囉夜
彌（二百五十九）(91) 阿囉訶多（二百六十） 訖哩耽微地也（二百六十一） 嗔陀夜彌（二百六十二） 枳囉夜彌（二百六十三）(92) 微怛
囉迦（二百六十四） 訖哩耽微地也（二百六十五） 嗔陀夜彌（二百六十六） 枳囉夜彌（二百六十七）(93) 跋折囉波儞（二百六十八）
跋折囉婆尼（二百六十九） 具醯夜迦（二百七十） 地鉢底（二百七十一） 訖哩耽微地也（二百七十二） 嗔陀夜彌枳羅夜
彌（二百七十三）(94) 囉叉囉叉罔（二百七十四） 薄伽梵（二百七十五）(95) 印兔那麼麼那寫（二百七十六）(96) 婆伽梵薩怛他
揭都烏瑟尼沙（二百七十七） 悉怛多鉢怛囉（二百七十八） 南無嗉都羝（二百七十九）(97) 阿悉多那囉囉迦（二百八十）
鉢囉婆毗薩普吒（二百八十一） 毗迦悉怛多（二百八十二） 鉢底哩（二百八十三）(98) 什嚩囉什嚩囉（二百八十四） 陀囉陀

囉二百八十五　頻陀囉頻陀囉二百八十六　嗔陀嗔陀二百八十七(99)　含吽含吽二百八十八　泮泮泮二百八十九　泮吒泮
吒二百九十　莎皤訶二百九十一　醯醯泮二百九十二(100)　阿牟伽耶泮二百九十三　阿鉢囉底訶多泮二百九十四　皤囉
鉢囉陀泮二百九十五(101)　阿素囉毗陀囉皤迦泮二百九十六(102)　薩皤提吠弊泮二百九十七　薩皤那那伽弊泮
二百九十八　薩皤藥叉弊泮二百九十九(103)　薩皤乾闥婆弊泮三百　薩皤阿素囉弊泮三百一　薩皤揭嚕荼
弊泮三百二(104)　薩皤緊那羅弊泮三百三　薩皤摩護囉伽弊泮三百四(105)　薩皤囉剎莎弊泮三百五　薩
皤摩努曬弊泮三百六　薩皤阿摩努曬弊泮三百七(106)　薩皤布單那弊泮三百八　薩皤迦吒布丹那
弊泮三百九(107)　薩皤突蘭枳帝弊泮三百十　薩皤突瑟吒畢哩乞史帝弊泮三百十一(108)　薩皤什皤梨
弊泮三百十二　薩皤阿波薩麼嚟弊泮三百十三(109)　薩婆奢羅皤拏弊泮三百十四　薩嚩底嘌耻雞弊泮三百十五
薩菩怛波提弊泮三百十六(110)　薩皤微地也囉誓遮黎弊泮三百十七(111)　闍耶羯囉摩度羯囉三百十八　薩
婆囉他娑陀雞弊泮三百十九(112)　微地也遮唎曳弊泮三百二十(113)　者咄囉南薄祁儞弊泮三百二十一　跋折
囉俱摩唎迦弊泮三百二十二　跋折囉俱藍陀利弊泮三百二十三　微地也囉闍弊泮三百二十四(114)　摩訶鉢
囉登耆曬弊泮三百二十五　跋折囉商羯囉夜泮三百二十六　鉢囉登祁囉囉闍耶泮三百二十七(115)　摩訶揭
囉耶泮三百二十八　摩訶摩怛哩伽拏耶泮三百二十九　娜牟塞揭哩多耶泮三百三十(116)　毗瑟拏尾曳泮
三百三十一　皤囉訡摩尼曳泮三百三十二(117)　阿祁尼曳泮三百三十三　摩訶迦哩曳泮三百三十四(118)　迦囉檀特曳

泮（三百三十五） 翳泥哩曳泮（三百三十六）(119) 遮文遲曳泮（三百三十七） 嘮怛哩曳泮（三百三十八） 迦囉怛哩曳泮（三百三十九） 迦波璨曳泮（三百四十）(120) 阿地目肊多迦尸麼舍那皤悉彌曳泮（三百四十一）(121) 曳髻者那薩怛薩怛皤（三百四十二）(122) 突瑟吒質多（三百四十三） 滂持囉質多（三百四十四）(123) 烏闍訶囉（三百四十五） 揭婆訶囉（三百四十六） 嘮地囉訶囉（三百四十七） 芒娑訶囉（三百四十八）(124) 摩社訶囉（三百四十九） 社多訶囉（三百五十） 視微多訶囉（三百五十一）(125) 皤略耶訶囉（三百五十二） 健陀訶囉（三百五十三） 布瑟波訶囉（三百五十四）(126) 破囉訶囉（三百五十五） 薩寫訶囉（三百五十六）(127) 波波質多突瑟吒質多（三百五十七） 嘮陀羅質多（三百五十八）(128) 陀囉質多藥叉揭囉訶（三百五十九） 囉剎娑揭囉訶（三百六十） 閉囇多揭囉訶毗舍遮揭囉訶（三百六十一）(129) 部多揭囉訶（三百六十二） 鳩槃茶揭囉訶（三百六十三） 塞健陀揭囉訶（三百六十四）(130) 烏怛摩陀揭囉訶（三百六十五） 車夜揭囉訶（三百六十六） 阿波娑摩囉揭囉訶（三百六十七）(131) 佗迦茶祁尼揭囉訶（三百六十八） 唎婆底揭囉訶（三百六十九） 閣弭迦揭囉訶（三百七十） 舍俱尼揭囉訶（三百七十一）(132) 漫怛囉難提迦揭囉訶（三百七十二） 阿藍皤揭囉訶（三百七十三） 訶奴建度波尼揭囉訶（三百七十四）(133) 什皤囉翳迦醯迦德吠底迦（三百七十五） 帝哩帝藥迦折咄嘌他迦（三百七十六） 眤底夜什皤囉（三百七十七） 毗沙摩什皤囉（三百七十八）(134) 皤底迦背底迦（三百七十九） 室禮瑟彌迦（三百八十） 娑儞波底迦（三百八十一）(135) 薩皤什皤囉（三百八十二） 室嚕喝囉底（三百八十三） 阿羅陀皤帝（三百八十四）(136) 阿乞史嚧劍（三百八十五） 目佉嚧鉗（三百八十六） 羯唎突嚧鉗（三百八十七）(137) 羯囉訶輸藍（三百八十八） 羯拏輸藍（三百八十九） 檀多輸藍（三百九十）

頡哩馱耶輸藍三百九十一⒀⑧　末摩輸藍三百九十二　跋囉室婆輸藍三百九十三　背哩瑟吒輸藍三百九十四　烏馱囉輸藍三百九十五(139)　羶知輸藍三百九十六　跛悉帝輸藍三百九十七　鄔嚧輸藍三百九十八　常伽輸藍三百九十九(140)　喝薩多輸藍四百　波陀輸藍四百一　頞伽鉢囉登輸藍四百二(141)　部多吠怛茶四百三　茶枳尼四百四　什皤囉陀突盧建紐四百五(142)　吉知婆路多四百六　吠薩囉波嚕訶凌伽四百七(143)　輸沙多囉娑那迦囉毗沙喻迦四百八　阿祁尼烏陀迦摩囉吠囉(144)建多囉四百九　阿迦囉蜜嘌駐四百十　怛囇部迦地哩囉吒毗失脂迦四百十一　薩囉波四百十二(145)　那俱囉四百十三　僧伽四百十四　吠也揭囉四百十五　怛乞叉四百十六　怛囉乞叉末囉視皤帝衫四百十七(146)　薩毗衫薩毗衫四百十八(147)　悉怛多鉢怛囉四百十九　摩訶跋折嚕四百二十　瑟尼衫摩訶鉢囉登祁藍四百二十一(148)　夜婆埵陀舍喻社那四百二十二　便怛囇拏毗地夜畔馱迦嚧彌四百二十三(149)　帝殊畔陀迦嚧彌四百二十四　波囉微地也畔陀迦嚧彌四百二十五(150)　怛地他四百二十六　唵四百二十七　阿那嚟毗舍提四百二十八(151)　鞞囉四百二十九　跋折囉四百三十　阿唎畔陀四百三十一　毗陀儞四百三十二(152)　跋折囉波尼泮四百三十三(153)　呼吽四百三十四　咄嚕吽四百三十五　莎皤訶四百三十六(154)　唵吽四百三十七(155)　毗嚕提四百三十八(156)　莎皤訶四百三十九(157)

namaḥ satata-sugatāya① arhate-samyak-saṃbuddhāya② namaḥ sarva-buddha③ bodhi-sattvebhyaḥ④ namaḥ saptānāṃ samyak-saṃbud=dha-koṭīnāṃ sa-śrāvaka-saṃghānāṃ⑤ namo loke-arhātanāṃ namaḥ srot=âpannānāṃ namaḥ sakṛdāgāmināṃ 〔namo anāgāmināṃ〕⑥ namo loke-samyak-gatānāṃ samyak-pratipannānāṃ⑦ namo deva-ṛṣīnāṃ⑧ namaḥ siddhi-vidyā-dhara-ṛṣīnāṃ⑨ śāpânugraha-samarthānāṃ⑩ namo brahmane⑪ nama indrāya⑫ namo bhagavate rudrāya umāpati-sahitāya⑬ namo bhagavate nārāyaṇāya⑭ pañca-mahā-mudrāṃ namas-kṛtya⑮ namo bhagavate mahā-kālāya⑯ tripura-nagara-vidrāvaṇa-kārāya⑰ adhimuk=tika śmaśāna-nivāsine mātṛ-gaṇāṃ namas kṛtya⑱ namo bhagavate tath=āgata-kulāya⑲ namaḥ padma-kulāya⑳ namo vajra-kulāya㉑ namo ma=

ṇi-kulāya㉒ namogaja-kulāya㉓ namo bhagavate dṛḍha-śūra-senā-
praharana-rājāya tathāgatāya㉔ namo bhagavate amitābhāya tathāgatāya
arhate-samyak-saṃbuddhāya㉕ namo bhagavate akṣobhya tathāgatāya
arhate-samyak-saṃbuddhāya㉖ namo bhagavate bhaiṣajya-guru-vaiḍūrya-
prabhā-rājāya tathāgatāya arhate-samyak-saṃbuddhāya㉗ namo bhagavate sa=
ṃkusmita-sālendra-rājāya tathāgatāya arhate-samyak-saṃbuddhāya㉘ namo
bhagavate śākya-muniye tathāgatāya arhate-samyak-saṃbuddhāya㉙ namo
bhagavate ratna-ketu-rājāya tathāgatāya arhate-samyak-saṃbuddhāya㉚ tebhyo
namas-kṛtya etad-bhagavatī sa-tathāgatoṣṇīṣaṃ sitâtapatraṃ nāmâparājitaṃ
pratyaṅgirā㉛ sarva-bhūta-graha-nigraha-karanī para-vidyā-chedanī㉜ akāla-m=
ṛtyu-pari-trāyaṇa-karī㉝ sarva-bhandhana-mokṣanī㉞ sarva-duṣṭa-duḥsvap=
na-nivāranī㉟ caturaśītīnāṃ graha-sahasrānāṃ vidhvaṃsana-karī㊱ aṣṭa-vi=
ṃśatīnāṃ nakṣatrānāṃ prasādana-karī㊲ aṣṭānāṃ mahā-grahānāṃ vidhva=
ṃsana-karī㊳ sarva-śatru-nivāranī㊴ gurāṃ-duhsvapnānāṃ ca nāśanī㊵ vi=

ṣa śastra agni udaka uttaraṇī㊶ aparājitâgurā㊷ mahā-pracaṇḍā mahā-dīptā
mahā-tejāḥ㊸ mahā-śveta-jvālā mahā-bala-pāṇḍara-vāsinī㊹ āryā-tārā bhṛkuṭī
caiva vijayā㊺ vajra-mālā viśrutā-padmakā vajra-jihvā ca㊻ mālā-caiva-apar
ājitā vajra-daṇḍī viśālā-ca-śānta-videha-pūjitā㊼ saumya-rūpā mahā-śvetā
āryā-tārā mahā-balā㊽ amara vajra-saṃkalā caiva vajra-kumārī kula-dārī
vajra-hastā ca㊾ vidyā kāñcana-mālikā kusumbha-ratnā㊿ vairocana-kriyā-
arthoṣṇīṣā(51) vijṛmbhamāṇā ca vajra-kanaka-prabhā-locanā(52) vajra-tuṇḍī
ca śvetā ca kamalâkṣā śaśi-prabhā(53) ity ete mudrā-gaṇāḥ sarve-rak=
ṣāṃ(54) kurvantu ittaṃ mama'sya(55) oṃ ṛṣi-gaṇa-praśasta-tathāgatoṣṇīṣa hū=
ṃ ṭrūṃ(56) jambhana hūṃ ṭrūṃ stambhana hūṃ ṭrūṃ(57) para-vidyā-sa=
ṃ-bhakṣaṇa-kara hūṃ ṭrūṃ(58) ——(59) sarva-yakṣa-rākṣasa-grahānāṃ vidhva=
ṃsana-kara hūṃ ṭrūṃ(60) caturaśītīnāṃ graha-sahasrānāṃ vidhva=
ṃsana-kara hūṃ ṭrūṃ(61) ——(62) rakṣa rakṣa(63) bhagavan tathāgatoṣṇīṣa(64)
pratyaṅgire mahā-sahasra-bhuje sahasra-śīrṣe koṭi-sahasra-netre(65)a-bhedya-

jvalita-naṭake(66) mahā-vajra-dhare tri-bhuvana-maṇḍale(67) oṃ svastir
bhavatu(68) ittaṃ mama'sya(69) rāja-bhayāt cora-bhayat agni-bhayāt
udaka-bhayāt viṣa-bhayāt(70) śastra-bhayāt para-cakra-bhayāt durbhikṣa-bhay=
āt aśani-bhayāt akāla-mṛtyu-bhayāt(71) dharaṇī-bhūmi- kampa-bhayāt ulkā-p=
āta-bhayāt(72) rāja-daṇḍa-bhayāt nāga-bhayāt vidyut-bhayāt suparṇī-bhayāt(73) yak=
ṣa-grahāt rākṣasa-grahāt preta-grahāt(74) piśāca-grah at bhūta-grahāt kumbh=
âṇḍa-grahāt pūtanā-grahāt kaṭa-pūtanā-grahāt(75) skanda-grahāt apa-smāra-
grahāt unmāda-grahāt chāyā-grahāt revatī-grahāt(76) jātāhāriṇyāḥ garbhā=
hāriṇyāḥ rudhirāhāriṇyāḥ(77) māmsāhāriṇyāḥ medāhāriṇyāḥ ojāhāriṇyāḥ majj=
āhāriṇyāḥ jivitāhāriṇyāḥ(78) vātāhāriṇyāḥ vāntāhāriṇyāḥ aśucyāhāriṇyāḥ citt=
āhāriṇyāḥ(79) teṣāṃ-sarveṣāṃ sarva-grahānāṃ vidyāṃ cheda-yāmi kīla-yā=
mi(80) pari-vrājaka-kṛtāṃ vidyāṃ cheda-yāmi kīla-yāmi(81) ḍākinī-kṛtāṃ vidy=
āṃ cheda-yāmi kīla-yāmi(82) mahā-paśupatī-rudra-kṛtāṃ vidyāṃ cheda-
yāmi kīla-yāmi(83) nārāyana-kṛtāṃ vidyāṃ cheda-yāmi kīla-yāmi(84) tat=

tva-garuḍa-sahaya-kṛtāṃ vidyāṃ cheda-yāmi kīla-yāmi(85) mahā- kāla-mātṛ-ga=
ṇa-kṛtāṃ vidyāṃ cheda-yāmi kīla-yāmi(86) kāpālika-kṛtāṃ vidyāṃ cheda-yāmi k=
īla-yāmi(87) jaya-kara madhu-kara sarvârtha-sādhana-kṛtāṃ vidyāṃ cheda-y=
āmi kīla-yāmi(88) catur-bhāginī-kṛtāṃ vidyāṃ cheda-yāmi kīla-yāmi(89)
bhṛṅgi-riṭi nandikeśvara gaṇa-pati-sahâya-kṛtāṃ vidyāṃ cheda-yāmi kīla-yāmi(90)
nagna-śramaṇa-kṛtāṃ vidyāṃ cheda-yāmi kīla-yāmi(91) arhat-kṛtāṃ vidyāṃ
cheda-yāmi kīla-yāmi(92) vīta-rāga-kṛtāṃ vidyāṃ cheda-yāmi kīla-yāmi(93)
vajra-pāṇi guhyakâdhipati-kṛtāṃ vidyāṃ cheda-yāmi kīla-yāmi(94) rakṣa rakṣa
māṃ bhagavan(95) ittaṃ mama'sya(96) bhagavantī sitâtapatre namo'stu te(97)
asitânalârka prabhā-sphuṭa vikā-sitâtapatre(98) jvala jvala dala dala vidala
vidala cheda cheda(99) hūṃ hūṃ phaṭ phaṭ phaṭ phaṭ phaṭ svāhā he he phaṭ (100)
amoghāya phaṭ apratihatāya phaṭ vara-pradāya phaṭ(101) asura-vidrāvakāya pha=
ṭ(102) sarva-devebhyaḥ phaṭ sarva-nāgebhyaḥ phaṭ sarva-yakṣebhyaḥ phaṭ(103)
sarva-gandharvebhyaḥ phaṭ sarva-asurebhyaḥ phaṭ sarva-garuḍebhyaḥ phaṭ

(104) sarva-kiṃnarebhyaḥ phaṭ sarva-mahoragebhyaḥ phaṭ(105) sarva-rākṣaseb=
hyaḥ phaṭ sarva-manuṣebhyaḥ phaṭ sarva-amānuṣebhyaḥ phaṭ(106) sarva-p=
ūtanebhyaḥ phaṭ sarva-kaṭa-pūtanebhyaḥ phaṭ(107) sarva-durlaṅghitebhyaḥ
phaṭ sarva-duṣprekṣitebhyaḥ phaṭ(108) sarva-jvarebhyaḥ phaṭ sarvâpa-smāreb=
hyaḥ phaṭ(109) sarva-śramaṇebhyaḥ phaṭ sarva-tīrthikebhyaḥ phaṭ sarva-unm=
ādebhyaḥ phaṭ(110) sarva-vidyādharebhyaḥ phaṭ(111) jaya-kara madhu-kara=
sarvârtha-sādhakebhyah phaṭ(112) vidyâcāryebhyaḥ phaṭ(113) catur-bhaginī=
bhyaḥ phaṭ vajra-kumārī-vidyārājebhyaḥ phaṭ(114) mahā-pratyaṅgirebhyaḥ
phaṭ vajra-śaṃkalāya pratyaṅgira-rājāya phaṭ(115) mahā-kālāya mahā-mātṛ-ga=
ṇa namas-kṛtāya phaṭ(116) viṣṇuvīye phaṭ〔vaiṣṇavīye phaṭ〕brahmane phaṭ
〔brahmāṇīye phaṭ〕(117) agnīye phaṭ〔agnāyīye phaṭ〕mahā-kālāya phaṭ
〔mahākālīye phaṭ〕(118) kāla-daṇḍāya phaṭ〔mātṛe pahṭ〕indrāya phaṭ
〔aindrīye phaṭ〕(119) cāmuṇḍāya phaṭ rudrāya phaṭ〔raudrīye phaṭ〕kālar=
ātraiye phaṭ kāpāline phaṭ(120) adhi-muktika śmaśāna-vāsinīye phaṭ(121) ye

kecid sattvāḥ(122) duṣṭa-cittāḥ 〔pāpa-cittāḥ〕 raudra-cittāḥ 〔vi-dveṣa-cittāḥ
amaitra-cittāḥ〕(123) ojāhāraḥ garbhāhāraḥ rudhirāhāraḥ māṃṣāhāraḥ(124) majj=
āhāraḥ jātāhāraḥ jīvitāhāraḥ(125) balyāhāraḥ gandhāhāraḥ puṣpāhāraḥ(126)
phalāhāraḥ sasyāhāraḥ(127) pāpa-cittāḥ duṣṭa-cittāḥ raudra-cittāḥ(128) dra-cittāḥ
yakṣa-grahāḥ rākṣasa-grahāḥ preta-grahāḥ piśāca-grahāḥ(129) bhūta-grahāḥ
kumbhâṇḍa-grahāḥ skanda-grahāḥ(130) unmāda-grahāḥ chāyā-grahāḥ apa-sm=
āra-grahāḥ(131) ḍāka-ḍākinī-grahāḥ revatī-grahāḥ jāmika-grahāḥ śakuni-grah=
āḥ(132) mātṛ-nandika-grahāḥ ālambā-grahāḥ kaṇṭhapāṇi-grahāḥ(133) jvarā
eka-hikkā dvaitīyakā tṛtīyakā cāturthakā nitya-jvarā-vismarā(134) vātikā
paittikā śleṣmikā saṃ-nipātikā(135) sarva-jvarā śiro'rti ardhâvabhedakā(136) akṣī-
rogaḥ mukha-rogaḥ hṛd-rogaḥ(137) galaka-śūlaṃ karṇa-śūlaṃ danta-śūlaṃ
hṛdaya-śūlaṃ(138) marma-śūlaṃ pārśva-śūlaṃ pṛṣṭha-śūlaṃ udara-śūlaṃ(139)
kaṭi-śūlaṃ vasti-śūlaṃ ūru-śūlaṃ jaṅghā-śūlaṃ(140) hasta-śūlaṃ pāda-śūlaṃ
sarvâṅga-pratyaṅgaśūlaṃ(141) bhūta-vetāḍa ḍākinī-jvarā dadru kaṇḍū(142) kiṭ=

ibha lūtā visarpa loha-lingaḥ(143) śūṣa-trāsana-kara viṣa-yoga agni udaka māra-vīra(144) kāntāra-akāla-mṛtyu tryambuka trailāṭa vṛścika sarpa(145) nakula siṃha vyāghra ṛkṣa tarakṣa camara jīvas(146) teṣāṃ sarveṣāṃ(147) sit=âtapatrā-mahā-vajroṣṇīṣā mahā-pratyangirā(148) yāvat dvā-daśa-yojanâbhyan=tareṇa vidyā-bandhaṃ-karomi(149) diśa-bandhaṃ-karomi para-vidyā-bandhaṃ-karomi(150) tad-yathā oṃ anale anale viśade viśade(151) vīra-vajra-dhare bandha bandhane(152) vajra-pāṇe phaṭ(153) hūṃ ṭrūṃ phaṭ svāhā(154)

歸命一切諸佛① 一切如來應正等覺② 敬禮一切諸佛③ 歸命菩薩④ 敬禮無量的正遍知圓覺者及聲聞僧伽眾⑤ 頂禮阿羅漢、須陀洹、斯陀含〔、阿那含〕等四果眾⑥ 頂禮過去、未來勤修正行具足成就者⑦ 頂禮諸仙天尊⑧ 頂禮成就持明仙⑨ 頂禮堪能隨護眾生之明咒⑩ 禮敬梵天⑪ 禮敬天帝因陀羅（帝釋天）⑫ 禮敬大自在天、烏摩妃及眷屬等⑬ 禮敬那羅延天⑭ 禮敬五大印母⑮ 禮敬大黑天神⑯ 禮敬燒毀三座城者（濕婆神）⑰ 禮敬安住火葬場（尸陀林）中的解脫者（濕婆神）及其妃眾⑱ 歸命神聖的如來部諸佛⑲ 歸命蓮花部菩薩⑳

歸命金剛部菩薩㉑ 歸命寶部菩薩㉒ 歸命象部等各部菩薩㉓ 歸命摧滅堅固勇猛大軍的如來至尊㉔ 歸命聖尊無量光如來應正等覺㉕ 歸命聖尊阿閦如來應正等覺㉖ 歸命聖尊藥師琉璃光王如來應正等覺㉗ 歸命聖尊娑羅樹王開敷華如來應正等覺㉘ 歸命聖尊釋迦牟尼如來應正等覺㉙ 歸命聖尊寶幢王如來應正等覺㉚ 至誠禮拜上來宣說諸聖尊 此一與尊貴的如來佛頂俱在、無能勝、反詛咒的白傘蓋陀羅尼㉛ （可以）祓除一切鬼靈、邪魔和惡咒之害㉜ 救取非時死㉝ 解放一切禁縛㉞ 滌除一切染污、惡夢㉟ 摧伏八萬四千邪魔㊱ 二十八星宿各安其位㊲ 消滅八大惡星㊳ 殲除一切敵眾㊴ 令惡夢止息㊵ 救度一切毒難、劍難、火難、水難㊶ 最尊貴的無敵者㊷ 大嗔怒菩薩女尊、大火炎女尊、大威德女尊㊸ 太白光燄女尊、大力白衣女尊㊹ 聖救度母、忿怒母以及（濕婆神妃）勝利女尊㊺ 金剛念珠女尊、有名的蓮花坐女尊以及金剛舌女尊㊻ 還有不敗的持花鬘女尊、金剛杵女尊 被供養的最勝寂靜靈女尊㊼ 慈祥女尊、太白女尊、聖救度母、大力女尊㊽ 以及不滅的金剛鎖女尊、金剛童女尊、長女尊、金剛手女尊㊾ 大明咒女尊、金鬘女尊、寶花女尊㊿ 光明遍照的佛頂女尊(51) 以及開口女尊、有閃電般金色晃耀雙眼的女尊52 還有金剛嘴女尊、白蓮花眼女尊、月光女尊53 上來宣說示現印契的諸聖尊菩薩，請您護衛54 如是誠摯的我等（誦咒者在此稱名）55 唵 爲仙眾所讚嘆的如來佛頂，吽！咄！56 破壞者，吽！咄！制御者，吽！咄！57 噉食外道咒者，吽！咄！58 ——59 除卻一切藥叉（能啖鬼）和羅剎病魔之魅害，吽！咄！60 殲滅八萬四千邪魔之魅害，吽！咄！61 ——62 善護善護63 聖如來佛頂64 調伏咒詛的千臂大神、千首女神、百千眼女神65 光明不壞的舞蹈女神66 金剛密跡、三界壇場支配者67 唵 請賜福68 如是誠摯的我等（此處亦稱名受持如前）69 王難、賊難、火難、水難、毒難70 刀杖難、兵難、托鉢難、雹難、非時死難71 地震難、流星墜難72 王刑罰難、蛇難、閃電難、金翅鳥難73 藥叉、羅剎、餓鬼74 食血肉鬼、精靈、鳩槃茶鬼、臭鬼、奇臭鬼75 小兒病魔、癲癎、精神錯亂、夢魘、腹行魅76 食初產鬼女、食胎盤鬼女、食血鬼女77 食肉鬼女、食脂鬼女、食髓鬼女、食精氣鬼女、食壽命鬼女78 食呼吸鬼女、食嘔吐物鬼女、食穢物鬼女、食心鬼女（請令我等免除上來宣說諸險難、惡鬼之祟魅）79 摧斷一切大魔的咒文並禁縛之80 摧斷出家外道的咒文並禁縛之(81) 摧斷狐魅鬼的咒文並禁縛之(82) 摧斷大獸主（大自在天）的咒文並禁縛之(83) 摧斷那羅延天（梵天）的咒文並禁縛之(84) 摧斷金翅鳥王（以金翅鳥爲座騎的毗濕奴神）的咒文並禁縛之(85) 摧斷大黑天（濕婆神）諸聖妃眾的咒文並禁縛之(86) 摧斷髑髏外道的咒文並禁縛之(87) 摧斷作勝天（大自在天＝嗔恚）、作蜜天（梵天＝貪慢）、一切義成就天（毗濕奴＝痴妄）三兄弟尊的咒文並禁縛之(88) 摧斷四姊妹天女的咒文並禁縛之(89) 摧斷鬥戰勝神、喜自在天、（濕婆神侍從統領）大除障者之眷屬的咒文並禁縛之(90) 摧斷裸形外道的咒文並禁縛之(91) 摧斷耆那阿羅漢的咒文並禁縛之(92) 摧斷離欲者的咒文並禁縛之(93) 摧斷金剛手秘密主（增長天＝Kubera）的咒文並禁縛之(94) 請護衛我等，世尊(95) 請護衛如是誠摯的我等（此處亦稱名受持如前）(96) 頂禮聖白傘蓋(97) 黑火神之光、像白色火燄之花的白傘蓋(98) 光燃赫赫，破壞吧！讓它碎裂！殲除它！(99) 吽！吽！喝（呸）！嘿！嘿！喝！離穢吉祥！(100) 正直者（不空天子），喝！無礙者，喝！與願者，喝！(101) 驅離阿修羅者，喝！(102) 一切（八部眾）天神、龍眾、夜叉眾，喝！(103) 一切乾闥婆、阿修羅、迦樓羅，喝！(104) 一切緊那羅、摩猴羅伽，喝！[105] 一切魑魅、人、非人等，喝！[106] 一切臭鬼、奇臭鬼眾，喝！[107] 一切超越障難者，喝！一切醜惡鬼眾，喝！[108] 一切瘧熱、癲癇者，喝！[109] 一切沙門、外道、癲狂者，喝！[110] 一切持咒法師，喝！[111] 三兄弟尊，喝！[112] 明咒師，喝！[113] 四姊妹天女，喝！明咒王金剛童女，喝！[114] 大反咒詛女神，喝！不壞的反咒詛王，喝！[115] 大黑天神、大聖母眾、被禮拜者，喝！[116] 毗紐天，喝！（毗紐天妃，喝！）梵天，喝！（梵天妃，喝！）[117] 火天，喝！（火天妃，喝！）大黑天，喝！（大黑天母，喝！）[118] 死神，喝！聖母神，喝！帝釋天，喝！（帝釋天眷屬，喝！）[119] 暴風神（濕婆），喝！暴風神眷屬，喝！破戒母，喝！司破滅之夜者，喝！持髑髏者（濕婆），喝！[120] 安住尸陀林者（濕婆），喝！[121] 若諸有眾生[122] （於我生）嗔心、惡心、暴心、厭憎心、敵對心者：[123]（如）食精氣者、食胎盤者、食血者、食肉者[124] 食髓者、食初產者、食壽命者[125] 食祭祀所施食者、食香者、食花者[126] 食果子者、食五穀種子者[127] （於我持）嗔心者、惡心者、暴心者：[128] 藥叉、羅剎、亡靈、食血肉鬼[129] 精靈、鳩槃陀鬼、小兒病魔[130] 錯亂魔、夢魔、作忘鬼[131] 荼加、食人肉鬼女、腹行魅、闍弭迦魔、禽魅(132) 母喜鬼魅眾、藍婆羅剎女、雞形鬼(133) 瘧熱每日一發，兩日、三日、四日一發、意識不明高燒不退(134) 黃病鬼、痰飲、痢病等因（體液中）風質、膽質、黏質或三質不調和引起的熱病(135) 一切發燒、頭疼、偏頭痛(136) 眼疾、口疾、胸痛(137) 喉痛、耳痛、齒痛、心痛(138) 關節痛、肋骨痛、背痛、腹痛(139) 坐骨神經痛、膀胱痛、腿髀痛、腕痛(140) 手痛、腳痛、四肢節痛(141) 起尸鬼、魅鬼、皰疹、疥癬(142) 因虱毒、蜘蛛毒、感染的赤斑(143) 引起恐怖毒害的火神、水神、魔神(144) 帶來不測之死亡的土蜂、馬虻、毒蠍、毒蛇(145) 獴、獅子、老虎、熊、土狼、犛牛等生物(146) 一切此說者(147) 白傘蓋大金剛（佛）頂大反咒詛（陀羅尼）(148) 於十二由旬內結界，以咒文遮斷不令入(149) 各方角結界成聖域，禁縛一切他咒(150) 即說此陀羅尼曰：唵、甘露火，放光吧！(151) 無畏金剛持，結界吧！(152) 密跡金剛，喝！(153) 摧滅吧！（吽！咄！）喝！吉祥！(154)

本咒之羅馬拼音及中文意譯部份，除參校不同版本以瞭解咒文原意外，更將原本比校後可能缺漏部份以［ ］標出補上，以求完整，俾便讀者掌握咒文的全貌。另由於原經斷句與新研之斷句有所不同，故特將兩種斷法皆標示出來，並將另一對照本四百二十七句版本臚列於后，以供讀者參考比較。

◎四百二十七句版本（此陀羅尼依明本載之）

南無薩怛他蘇伽多耶阿羅訶帝三藐三菩陀寫一　薩怛他佛陀俱胝瑟尼釤二　南無薩婆勃陀勃地薩跢鞞弊三　南無薩多南三藐三菩陀俱知南四　娑舍囉婆迦僧伽喃五　南無盧雞阿羅漢跢喃六　南無蘇盧多波那喃七　南無娑羯唎陀伽彌喃八　南無盧雞三藐伽哆喃九　三藐伽波囉底波多那喃十　南無提婆離瑟赧十一　南無悉陀耶毗地耶陀囉離瑟赧十二　舍波奴揭囉訶娑訶娑囉摩他喃十三　南無跋囉訶摩泥十四　南無因陀囉耶十五　南無婆伽婆帝十六　嚧陀囉耶十七　烏摩般帝十八　娑醯夜耶十九　南無婆伽婆帝二十　那囉野拏耶二十一　槃遮摩訶三慕陀囉二十二　南無悉羯唎多耶二十三　南無婆伽婆帝二十四　摩訶迦羅耶二十五　地唎般剌那伽囉二十六　毗陀囉波拏迦囉耶二十七　阿地目帝二十八　尸摩舍那泥婆悉泥二十九　摩怛唎伽拏三十　南無悉羯唎多耶三十一　南無婆伽婆帝三十二　多

他伽路俱囉耶三十三　南無般頭摩俱囉耶三十四　南無跋闍羅俱囉耶三十五　南無摩尼俱囉耶三十六　南無伽闍俱囉耶三十七　南無婆伽婆帝三十八　帝唎茶輸囉西那三十九　婆囉訶囉拏囉闍耶四十　跢他伽多耶四十一　南無婆伽婆帝四十二　南無阿彌多婆耶四十三　跢他伽多耶四十四　阿囉訶帝四十五　三藐三菩陀耶四十六　南無婆伽婆帝四十七　阿芻鞞耶四十八　跢他伽多耶四十九　阿囉訶帝五十　三藐三菩陀耶五十一　南無婆伽婆帝五十二　鞞沙闍耶俱盧吠柱唎耶五十三　般囉婆囉闍耶五十四　跢他伽多耶五十五　南無婆伽婆帝五十六　三補師毖多五十七　薩憐捺囉剌闍耶五十八　跢他伽多耶五十九　阿囉訶帝六十　三藐三菩陀耶六十一　南無婆伽婆帝六十二　舍雞野母那曳六十三　跢他伽多耶六十四　阿囉訶帝六十五　三藐三菩陀那六十六　南無婆伽婆帝六十七　剌怛那雞都囉闍耶六十八　跢他伽多耶六十九　阿囉訶帝七十　三藐三菩陀耶七十一　帝瓢南無薩羯唎多七十二　翳曇婆伽婆多七十三　薩怛他伽都瑟尼釤七十四　薩怛多般怛嚂七十五　南無阿婆囉視躭七十六　般囉帝揚岐囉七十七　薩囉婆部多揭囉訶七十八　尼羯囉訶揭迦囉訶尼七十九　跋囉毖地耶叱陀儞八十　阿迦囉蜜唎柱八十一　般唎怛囉耶儜揭唎八十二　薩囉婆槃陀那目叉尼八十三　薩囉婆突瑟吒八十四　突悉乏般那儞伐囉尼八十五　赭都囉矢帝南八十六　羯囉訶娑訶薩囉若闍八十七　毗多崩娑那羯唎八十八　阿瑟吒冰舍帝南八十九　那叉剎怛囉若

闍九十　波囉薩陀那羯唎九十一　阿瑟吒南九十二　摩訶揭囉訶若闍九十三　毗多崩薩那羯唎九十四
薩婆舍都嚧儞婆囉若闍九十五　呼藍突悉乏難遮那舍尼九十六　毖沙舍悉怛囉九十七　阿吉
尼烏陀迦囉若闍九十八　阿般囉視多具囉九十九　摩訶般囉戰持一百　摩訶疊多一百一　摩訶帝
闍二　摩訶稅多闍婆囉三　摩訶跋囉槃陀囉婆悉儞四　阿唎耶多囉五　毗唎俱知六
晢婆毗闍耶七　跋闍囉摩禮底八　毗舍嚧多九　勃騰罔迦十　跋闍囉制喝那阿遮一百十一
摩囉制婆般囉質多十二　跋闍囉檀持十三　毗舍囉遮十四　扇多舍鞞提婆補視多十五　蘇摩
嚧波十六　摩訶稅多十七　阿唎耶多囉十八　摩訶婆囉阿般囉十九　跋闍囉商羯囉制婆二十　跋
闍囉俱摩唎二十一　俱藍陀唎二十二　跋闍囉喝薩多遮二十三　毗地耶乾遮那摩唎迦二十四　啒
蘇母婆羯囉訡那二十五　鞞嚧遮那俱唎耶二十六　夜囉菟瑟尼釤二十七　毗折藍婆摩尼遮二十八
跋闍囉迦那迦波囉婆二十九　嚧闍那跋闍囉頓稚遮三十　稅多遮迦摩囉一百三十一　剎奢尸波
囉婆三十二　翳帝夷帝三十三　母陀囉羯拏三十四　娑鞞囉懺三十五　掘梵都三十六　印兔那麼麼寫
三十七　烏訡三十八　唎瑟揭拏三十九　般刺舍悉多四十　薩怛他伽都瑟尼釤一百四十一　虎訡四十二　都
嚧雍四十三　瞻婆那四十四　虎訡四十五　都嚧雍四十六　悉耽婆那四十七　虎吽四十八　都嚧雍四十九　波
羅瑟地耶三般叉拏羯囉五十　虎訡一百五十一　都嚧雍五十二　薩婆藥叉喝囉剎娑五十三　揭囉訶

若闍五十四　毗騰崩薩那羯囉五十五　虎許五十六　都嚧雍五十七　者都囉尸底南五十八　揭囉訶娑
訶薩囉南五十九　毗騰崩薩那囉六十　虎許一百六十一　都嚧雍六十二　囉叉六十三　婆伽梵六十四　薩怛
他伽都瑟尼釤六十五　波囉點闍吉唎六十六　摩訶娑訶薩囉六十七　勃樹娑訶薩囉室唎沙六十八
俱知娑訶薩泥帝㖿六十九　阿弊提視婆唎多七十　吒吒甖迦一百七十一　摩訶跋闍嚧陀囉七十二
帝唎菩婆那七十三　曼茶囉七十四　烏許七十五　莎悉帝薄婆都七十六　麼麼七十七　印兔那麼麼寫
七十八　囉闍婆夜七十九　主囉跋夜八十　阿祇尼婆夜八十一　烏陀迦婆夜八十二　毗沙婆夜八十三　舍
薩多囉娑夜八十四　波囉斫羯囉婆夜八十五　突瑟叉婆夜八十六　阿舍儞婆夜八十七　阿迦囉蜜
唎柱婆夜八十八　陀囉尼部彌劍波伽波陀婆夜八十九　烏囉迦婆多婆夜九十　剌闍壇茶婆夜
一百九十一　那伽婆夜九十二　毗條怛婆夜九十三　蘇波囉拏婆夜九十四　藥叉揭囉訶九十五　囉叉私揭
囉訶九十六　畢唎多揭囉訶九十七　毗舍遮揭囉訶九十八　部多揭囉訶九十九　鳩槃茶揭囉訶二百
補丹那揭囉訶二百一　迦吒補丹那揭囉訶二　悉乾度揭囉訶三　阿播悉摩囉揭囉訶四
烏檀摩陀揭囉訶五　車夜揭囉訶六　醯唎婆帝揭囉訶七　杜多訶唎南八　揭婆訶唎
南九　嚧地囉訶唎南十　忙娑訶唎南二百十一　謎陀訶唎南十二　摩闍訶唎南十三　闍多訶唎
女十四　視比多訶唎南十五　毗多訶唎南十六　婆多訶唎南十七　阿輸遮訶唎女十八　質多訶唎

女十九　帝釤薩鞞釤二十　薩婆揭囉訶南二百二十一　毗陀耶闍瞋陀夜彌二十二　雞囉夜彌二十三　波
唎跋囉者迦訖唎擔二十四　毗陀夜闍瞋陀夜彌二十五　雞囉夜彌二十六　茶演尼訖唎擔二十七
毗陀夜闍瞋陀夜彌二十八　雞囉夜彌二十九　摩訶般輸般怛夜三十　嚧陀囉訖唎擔二百三十一　毗
陀夜闍瞋陀夜彌三十二　雞囉夜彌三十三　那囉夜拏訖唎擔三十四　毗陀夜闍瞋陀夜彌三十五
雞囉夜彌三十六　怛埵伽嚧茶西訖唎擔三十七　毗陀夜闍瞋陀夜彌三十八　雞囉夜彌三十九　摩
訶迦囉摩怛唎伽拏訖唎擔四十　毗陀夜闍瞋陀夜彌二百四十一　雞囉夜彌四十二　迦波唎迦訖
唎擔四十三　毗陀夜闍瞋陀夜彌四十四　雞囉夜彌四十五　闍耶羯囉摩度羯囉四十六　薩婆囉他
娑達那訖唎擔四十七　毗陀夜闍瞋陀夜彌四十八　雞囉夜彌四十九　赭咄囉婆耆儞訖唎擔五十
毗陀夜闍瞋陀夜彌二百五十一　雞囉夜彌五十二　毗唎羊訖唎知五十三　難陀雞沙囉伽拏般帝
五十四　索醯夜訖唎擔五十五　毗陀夜闍瞋陀夜彌五十六　雞囉夜彌五十七　那揭那舍囉婆拏訖
唎擔五十八　毗陀夜闍瞋陀夜彌五十九　雞囉夜彌六十　阿羅漢訖唎擔毗陀夜闍瞋陀夜彌
二百六十一　雞囉夜彌六十二　毗多囉伽訖唎擔六十三　毗陀夜闍瞋陀夜彌六十四　雞囉夜彌跋闍囉
波儞六十五　具醯夜具醯夜六十六　迦地般帝訖唎擔六十七　毗陀夜闍瞋陀夜彌六十八　雞囉夜
彌六十九　囉叉罔七十　婆伽梵七十一　印兔那麼麼寫七十二　婆伽梵七十三　薩怛多般怛囉七十四　南

無粹都帝七十五 阿悉多那囉剌迦七十六 波囉婆悉普吒七十七 毗迦薩怛多鉢帝唎七十八 什
佛囉什佛囉七十九 陀囉陀囉八十 頻陀囉頻陀囉瞋陀瞋陀二百八十一 虎許八十二 虎許八十三 泮
吒八十四 泮吒泮吒泮吒泮吒八十五 娑訶八十六 醯醯泮八十七 阿牟迦耶泮八十八 阿波囉提訶
多泮八十九 婆囉波囉陀泮九十 阿素囉毗陀囉波迦泮二百九十一 薩婆提鞞弊泮九十二 薩婆那
伽弊泮九十三 薩婆藥叉弊泮九十四 薩婆乾闥婆弊泮九十五 薩婆補丹那弊泮九十六 迦吒補
丹那弊泮九十七 薩婆突狼枳帝弊泮九十八 薩婆突澁比𠼝訖瑟帝弊泮九十九 薩婆什婆唎
弊泮三百 薩婆阿播悉摩𠼝弊泮三百一 薩婆舍囉婆拏弊泮二 薩婆地帝雞弊泮三 薩婆
怛摩陀繼弊泮四 薩婆毗陀耶囉誓遮𠼝弊泮五 闍夜羯囉摩度羯囉六 薩婆囉他娑
陀雞弊泮七 毗地夜遮唎弊泮八 者都囉縛耆彌弊泮九 跋闍囉俱摩唎十 毗陀夜
囉誓弊泮三百十一 摩訶波囉丁羊乂耆唎弊泮十二 跋闍囉商羯囉夜十三 波囉丈耆囉闍耶
泮十四 摩訶迦囉夜十五 摩訶末怛唎迦拏十六 南無娑羯唎多夜泮十七 毖瑟拏婢曳泮十八
勃囉訶牟尼曳泮十九 阿闍尼曳泮二十 摩訶羯唎曳泮三百二十一 羯囉檀遲曳泮二十二 蔑怛唎
曳泮二十三 嘮怛唎曳泮二十四 遮文茶曳泮二十五 羯邏囉怛唎曳泮二十六 迦般唎曳泮二十七
阿地目質多迦尸摩舍那二十八 婆私儞曳泮二十九 演吉質三十 薩埵婆寫三百三十一 麼麼印兔

那麼麼寫三十二　突瑟吒質多三十三　阿末怛唎質多三十四　烏闍訶囉三十五　伽婆訶囉三十六　嚧
地囉訶囉三十七　婆娑訶囉三十八　摩闍訶囉三十九　闍多訶囉四十　視毖多訶囉三百四十一　跋略夜
訶囉四十二　乾陀訶囉四十三　布史波訶囉四十四　頗囉訶囉四十五　婆寫訶囉四十六　般波質多四十七
突瑟吒質多四十八　嘮陀囉質多四十九　藥叉揭囉訶五十　囉刹娑揭囉訶三百五十一　閉𡁊多揭囉
訶五十二　毗舍遮揭囉訶五十三　部多揭囉訶五十四　鳩槃茶揭囉訶五十五　悉乾陀揭囉訶五十六
烏怛摩陀揭囉訶五十七　車夜揭囉訶五十八　阿播薩摩囉揭囉訶五十九　宅袪革茶耆尼揭囉
訶六十　唎佛帝揭囉訶三百六十一　闍彌迦揭囉訶六十二　舍俱尼揭囉訶六十三　姥陀囉難地迦揭
囉訶六十四　阿藍婆揭囉訶六十五　乾度波尼揭囉訶六十六　什伐囉堙迦醯迦六十七　墜帝藥迦
六十八　怛隸帝藥迦六十九　者突託迦七十　昵提什伐囉毖釤摩什伐囉三百七十一　薄底迦七十二　鼻
底迦七十三　室隸瑟蜜迦七十四　娑儞般帝迦七十五　薩婆什伐囉七十六　室嚧吉帝七十七　末陀鞞
達嚧制劍七十八　阿綺嚧鉗七十九　目佉嚧鉗八十　羯唎突嚧鉗三百八十一　揭囉訶揭藍八十二　羯拏
輸藍八十三　憚多輸藍八十四　迄唎夜輸藍八十五　末麼輸藍八十六　跋唎室婆輸藍八十七　毖栗瑟
吒輸藍八十八　烏陀囉輸藍八十九　羯知輸藍九十　跋悉帝輸藍三百九十一　鄔嚧輸藍九十二　常伽輸
藍九十三　喝悉多輸藍九十四　跋陀輸藍九十五　娑房盎伽般囉丈伽輸藍九十六　部多毖路茶九十七

茶耆尼什婆囉九十八 陀突嚧迦建咄嚧吉知婆路多毗九十九 薩般嚧訶凌伽四百 輸沙怛囉婆那羯囉四百一 毗沙喻迦二 阿耆尼烏陀迦三 末囉鞞囉建路囉四 阿迦囉蜜唎咄怛斂部迦五 地栗剌吒六 毖唎瑟質迦七 薩婆那俱囉八 肆引伽弊揭囉唎藥叉怛囉芻九 末囉視吠帝釤娑鞞釤十 悉怛多鉢怛囉四百十一 摩訶跋闍嚧瑟尼釤十二 摩訶般賴丈耆藍十三 夜波突陀舍喻闍那十四 辮怛隸拏十五 毗陀耶槃曇迦嚧彌十六 帝殊槃曇迦嚧彌十七 般囉毗陀槃曇迦嚧彌十八 跢姪他十九 唵二十 阿那隸四百二十一 毗舍提二十二 鞞囉跋闍囉陀唎二十三 槃陀槃陀儞二十四 跋闍囉謗尼泮二十五 虎許都 甕泮二十六 莎婆訶二十七

◎梵文版本

楞嚴咒除《楞嚴經》卷七的譯本外，另有其他三種異譯，皆收錄於《大正藏》第十九冊，即：⑴唐．不空譯《大佛頂如來放光悉怛多鉢怛囉陀羅尼》一卷。⑵元．沙囉巴譯《佛頂大白傘蓋陀羅尼經》一卷。⑶元．真智等譯《大白傘蓋總持陀羅尼經》一卷；另有藏譯本，內容則大致與真智譯相同。今將唐．不空所譯《大佛頂如來放光悉怛多鉢怛囉陀羅尼》之梵文部分刊附於後，以供讀者參研。

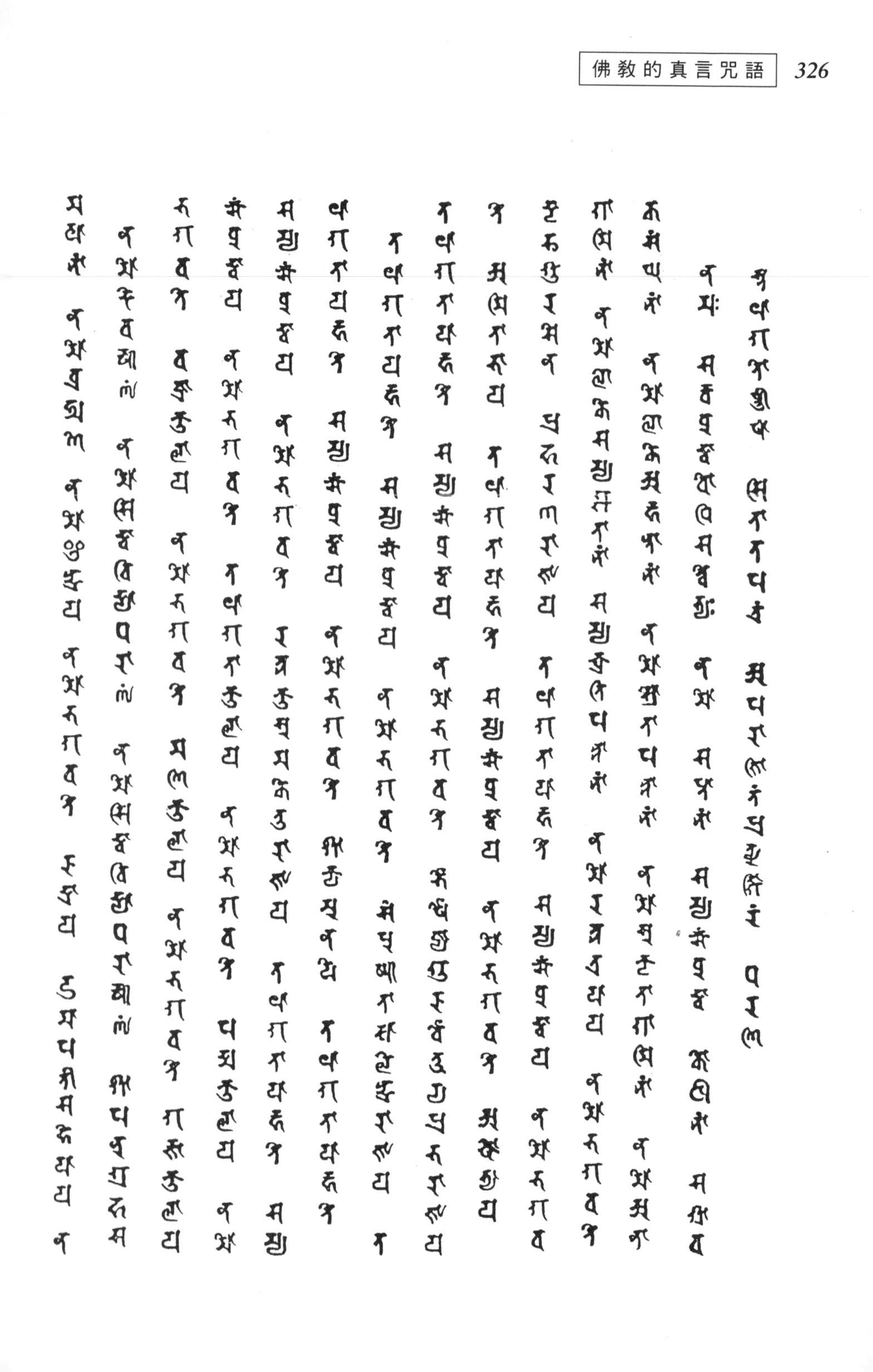

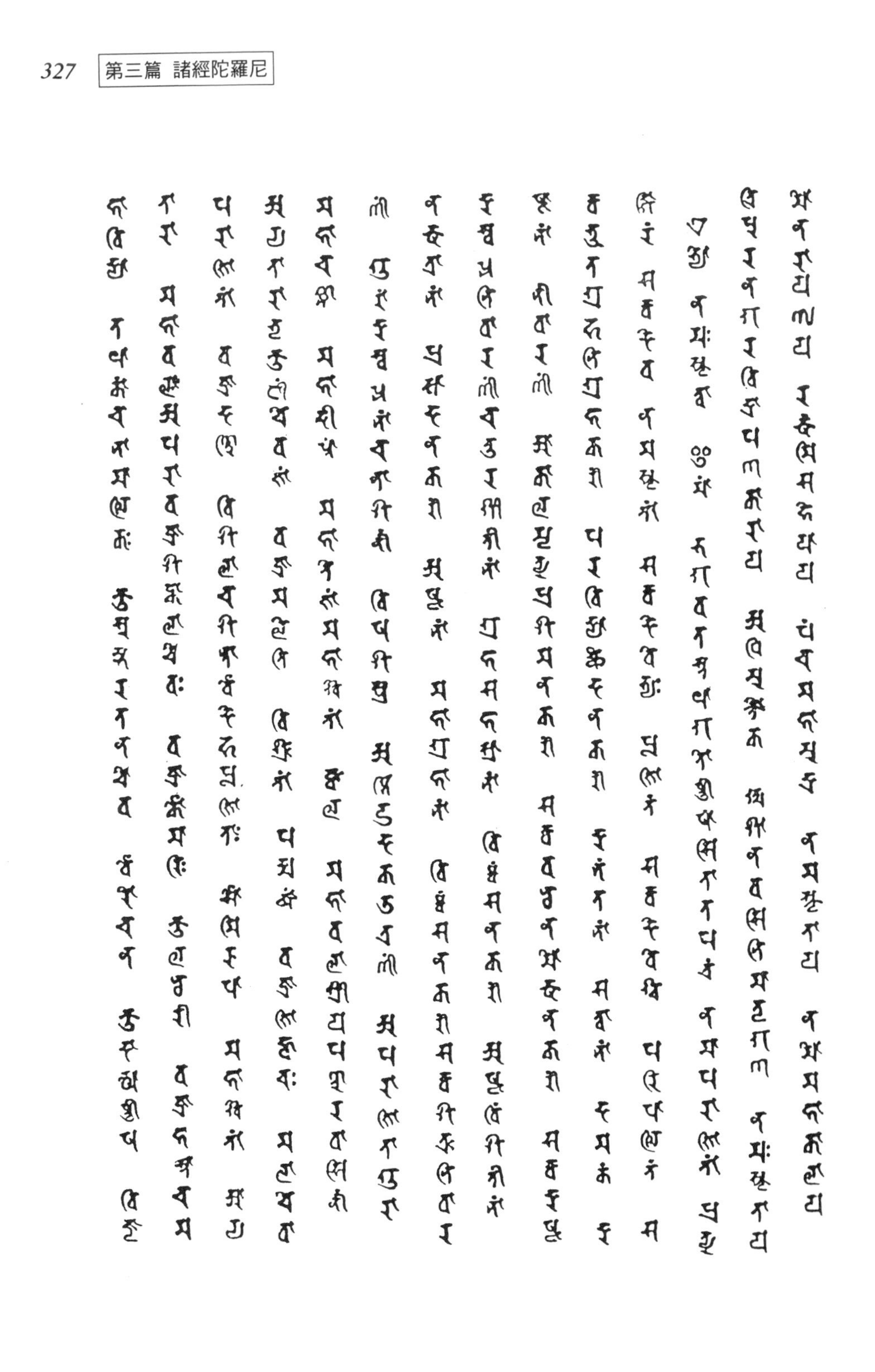

[illegible]

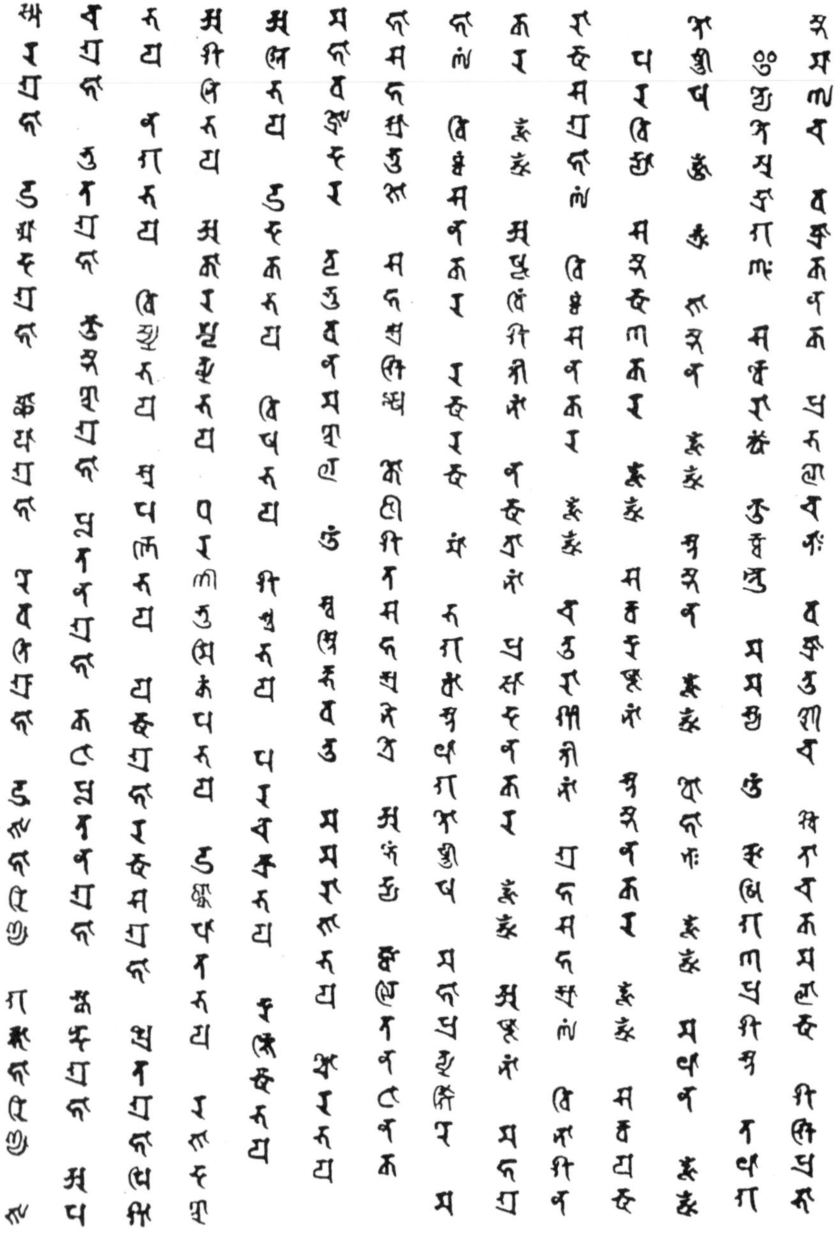

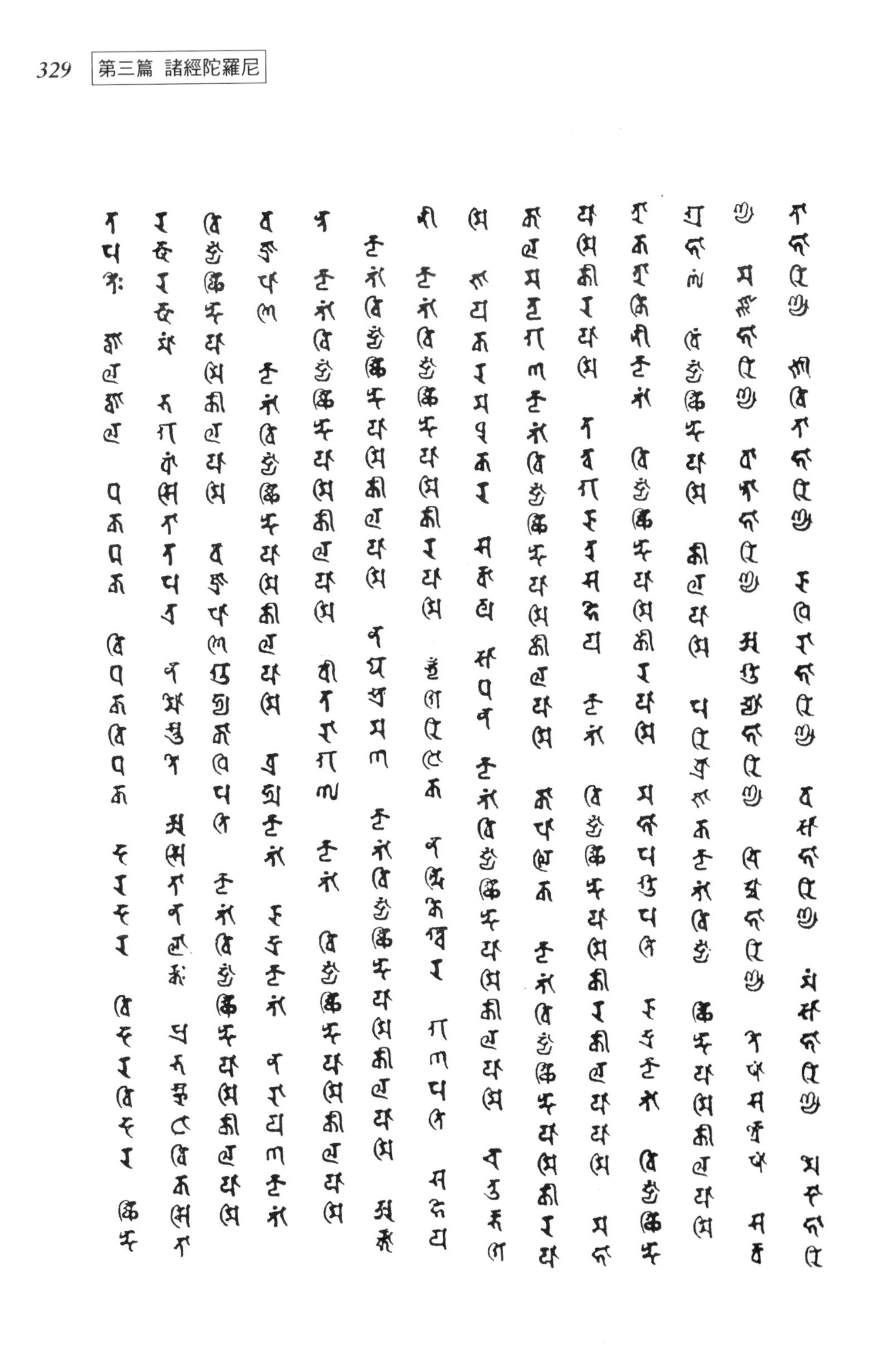

[illegible]

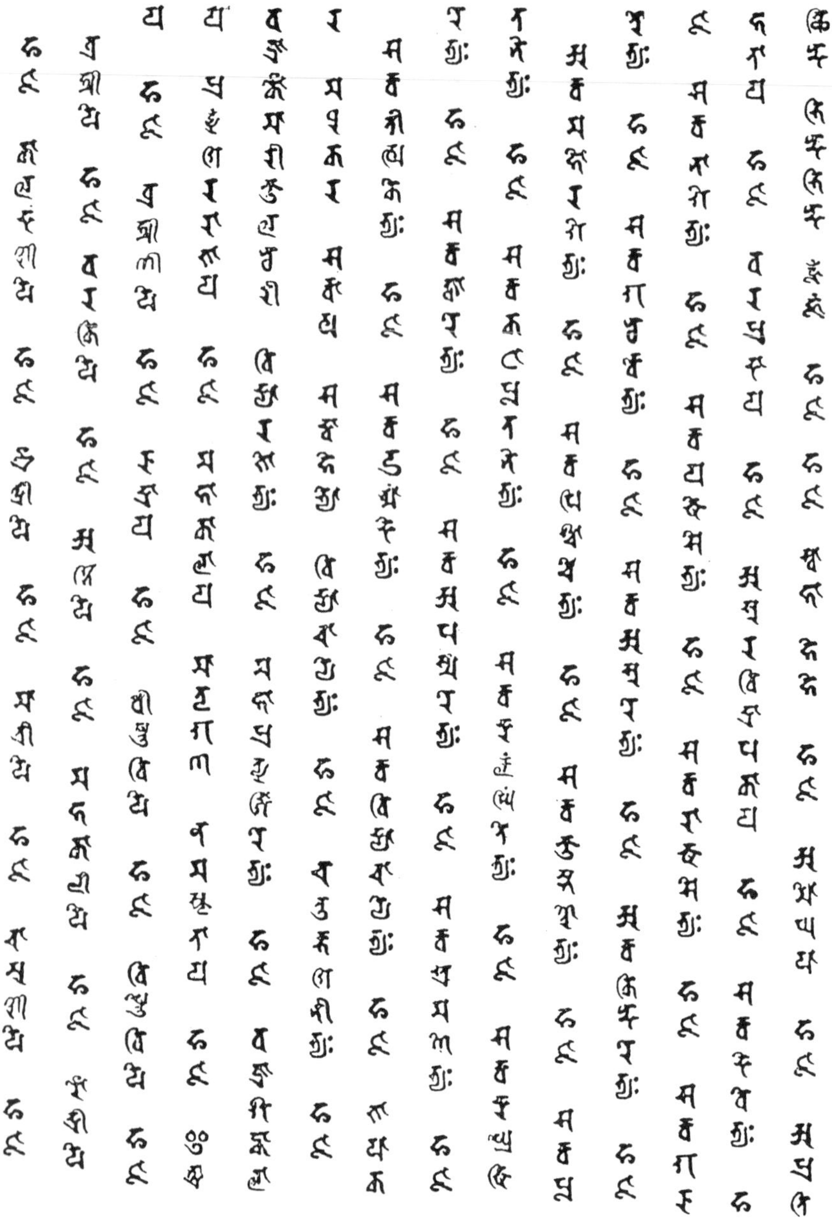

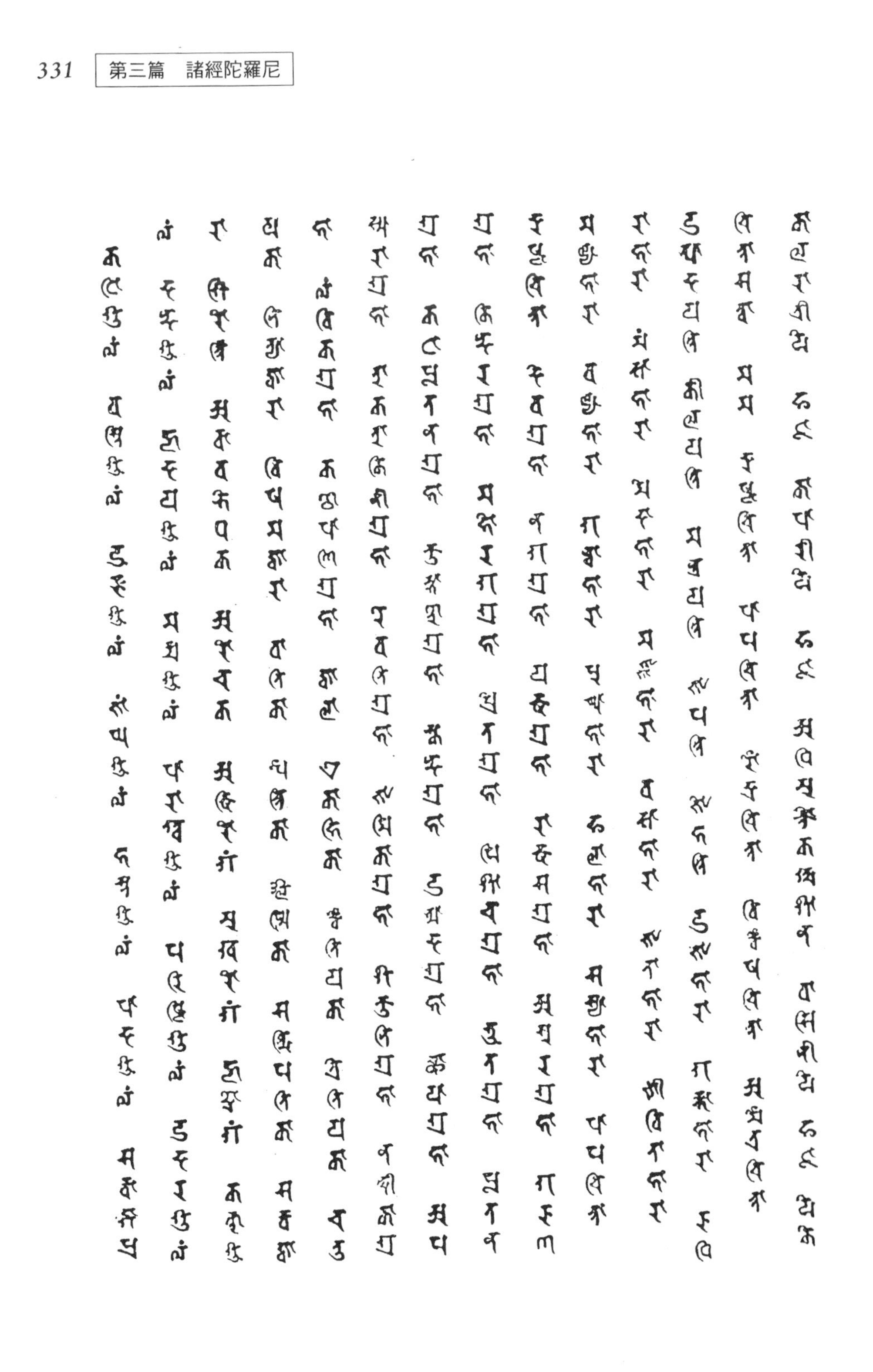

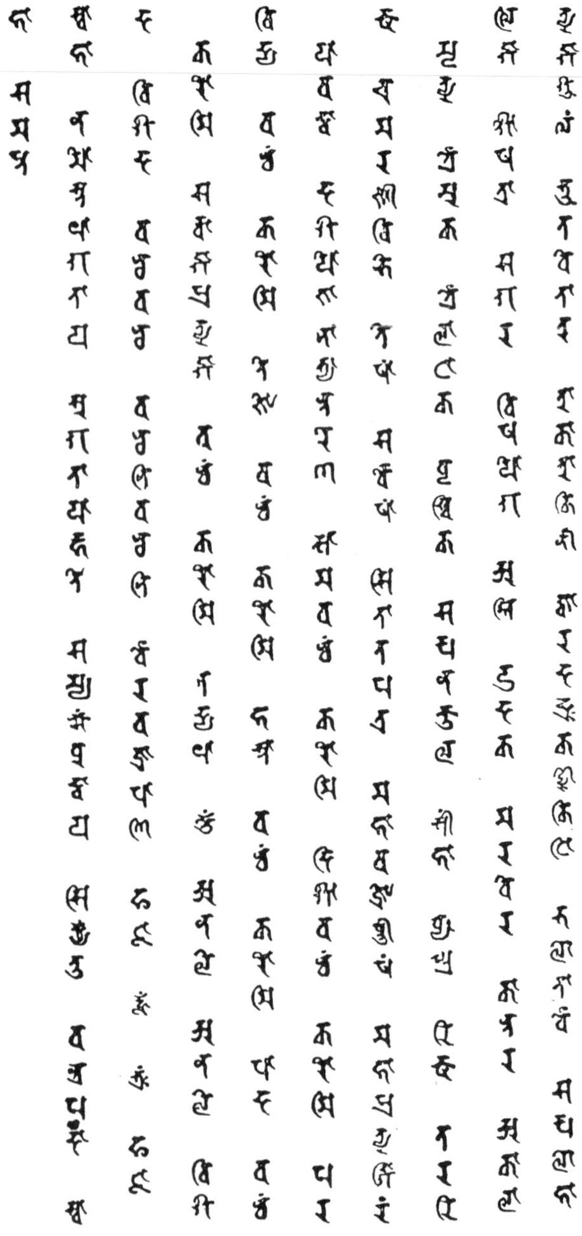

附錄

主要諸尊種子字

大日如來（胎）
多寶如來
寶幢如來（胎）
文殊菩薩（胎）
日光菩薩
火天・日天
阿修羅

開敷華王如來（胎）

無量壽如來（胎）
普賢菩薩（胎）

不空成就如來
釋迦如來
天鼓雷音如來（胎）

地藏菩薩
伊舍那天

地藏菩薩
帝釋天

阿閦如來
降三世明王
軍荼利明王

馬頭觀音
金剛夜叉明王
愛染明王

軍荼利明王

地藏菩薩

不動明王

十一面觀音
馬鳴菩薩

聖天（歡喜天）

阿彌陀如來
千手觀音
如意輪觀音
大威德明王

葉衣觀音
觀世音菩薩
楊柳觀音

勢至菩薩

吉祥天

月光菩薩
月天

般若菩薩

寶生如來
虛空藏菩薩

妙見菩薩
辯才天

水天

白衣觀音

持國天

藥師如來
藥王菩薩

毗沙門天
多聞天

風天

釋迦如來

大日如來(金)

地天

增長天

廣目天

准胝觀音

一字金輪佛頂

孔雀明王
大黑天
摩利支天

文殊菩薩

不空羂索觀音

彌勒菩薩

（胎）：表胎藏界
（金）：表金剛界

全佛文化圖書出版目錄

佛教小百科系列

□ 佛菩薩的圖像解說1-總論‧佛部	320
□ 佛菩薩的圖像解說2-菩薩部‧觀音部‧明王部	280
□ 密教曼荼羅圖典1-總論‧別尊‧西藏	240
□ 密教曼荼羅圖典2-胎藏界上	300
□ 密教曼荼羅圖典2-胎藏界中	350
□ 密教曼荼羅圖典2-胎藏界下	420
□ 密教曼荼羅圖典3-金剛界上	260
□ 密教曼荼羅圖典3-金剛界下	260
□ 佛教的真言咒語	330
□ 天龍八部	350
□ 觀音寶典	320
□ 財寶本尊與財神	350
□ 消災增福本尊	320
□ 長壽延命本尊	280
□ 智慧才辯本尊	290
□ 令具威德懷愛本尊	280
□ 佛教的手印	290
□ 密教的修法手印-上	350
□ 密教的修法手印-下	390
□ 簡易學梵字(基礎篇)-附CD	250
□ 簡易學梵字(進階篇)-附CD	300
□ 佛教的法器	290
□ 佛教的持物	330
□ 佛教的塔婆	290
□ 中國的佛塔-上	240
□ 中國的佛塔-下	240
□ 西藏著名的寺院與佛塔	330
□ 佛教的動物-上	220
□ 佛教的動物-下	220
□ 佛教的植物-上	220
□ 佛教的植物-下	220
□ 佛教的蓮花	260
□ 佛教的香與香器	280
□ 佛教的神通	290
□ 神通的原理與修持	280
□ 神通感應錄	250
□ 佛教的念珠	220
□ 佛教的宗派	295
□ 佛教的重要經典	290
□ 佛教的重要名詞解說	380
□ 佛教的節慶	260
□ 佛教的護法神	320
□ 佛教的宇宙觀	260
□ 佛教的精靈鬼怪	280
□ 密宗重要名詞解說	290
□ 禪宗的重要名詞解說-上	360
□ 禪宗的重要名詞解說-下	290
□ 佛教的聖地-印度篇	200

佛菩薩經典系列

□ 阿彌陀佛經典	350
□ 藥師佛‧阿閦佛經典	220
□ 普賢菩薩經典	180
□ 文殊菩薩經典	260
□ 觀音菩薩經典	220
□ 地藏菩薩經典	260
□ 彌勒菩薩‧常啼菩薩經典	250
□ 維摩詰菩薩經典	250
□ 虛空藏菩薩經典	350
□ 無盡意菩薩‧無所有菩薩經典	260

修行道地經典系列

□ 大方廣佛華嚴經(10冊)	1600
□ 長阿含經(4冊)	600
□ 增一阿含經(7冊)	1050
□ 中阿含經(8冊)	1200
□ 雜阿含經(8冊)	1200

佛法常行經典系列

- ☐ 妙法蓮華經 260
- ☐ 悲華經 260
- ☐ 小品般若波羅密經 220
- ☐ 金光明經・金光明最勝王經 280
- ☐ 楞伽經・入楞伽經 360
- ☐ 楞嚴經 200
- ☐ 大乘本生心地觀經・勝鬘經・如來藏經 200
- ☐ 解深密經・大乘密嚴經 200
- ☐ 大日經 220
- ☐ 金剛頂經・金剛頂瑜伽念誦經 200

三昧禪法經典系列

- ☐ 念佛三昧經典 260
- ☐ 般舟三昧經典 220
- ☐ 觀佛三昧經典 220
- ☐ 如幻三昧經典 250
- ☐ 月燈三昧經典(三昧王經典) 260
- ☐ 寶如來三昧經典 250
- ☐ 如來智印三昧經典 180
- ☐ 法華三昧經典 260
- ☐ 坐禪三昧經典 250
- ☐ 修行道地經典 250

佛經修持法系列

- ☐ 如何修持心經 200
- ☐ 如何修持金剛經 260
- ☐ 如何修持阿彌陀經 200
- ☐ 如何修持藥師經-附CD 280
- ☐ 如何修持大悲心陀羅尼經 220
- ☐ 如何修持阿閦佛國經 200
- ☐ 如何修持華嚴經 290
- ☐ 如何修持圓覺經 220
- ☐ 如何修持法華經 220
- ☐ 如何修持楞嚴經 220

守護佛菩薩系列

- ☐ 釋迦牟尼佛-人間守護主 240
- ☐ 阿彌陀佛-平安吉祥 240
- ☐ 藥師佛-消災延壽(附CD) 260
- ☐ 大日如來-密教之主 250
- ☐ 觀音菩薩-大悲守護主(附CD) 280
- ☐ 文殊菩薩-智慧之主(附CD) 280
- ☐ 普賢菩薩-廣大行願守護主 250
- ☐ 地藏菩薩-大願守護主 250
- ☐ 彌勒菩薩-慈心喜樂守護主 220
- ☐ 大勢至菩薩-大力守護主 220
- ☐ 準提菩薩-滿願守護主(附CD) 260
- ☐ 不動明王-除障守護主 220
- ☐ 虛空藏菩薩-福德大智守護(附CD) 260
- ☐ 毘沙門天王-護世財寶之主(附CD) 280

輕鬆學佛法系列

- ☐ 遇見佛陀-影響百億人的生命導師 200
- ☐ 如何成為佛陀的學生-皈依與受戒 200
- ☐ 佛陀的第一堂課-四聖諦與八正道 200
- ☐ 業力與因果-佛陀教你如何掌握自己的命運 220

生命大學系列

- ☐ 關於前世、今生與來世 240
- ☐ 關於決定自己的未來 240
- ☐ 心性修鍊的八堂課 280
- ☐ 關於宇宙的實相 280
- ☐ 關於死亡與轉世之路 250
- ☐ 關於結婚後的我們 240
- ☐ 關於愛情的密碼 200

洪老師禪座教室系列

- [ ] 靜坐-長春.長樂.長效的人生 200
- [ ] 放鬆(附CD) 250
- [ ] 妙定功-超越身心最佳功法(附CD) 260
- [ ] 妙定功VCD 295
- [ ] 睡夢-輕鬆入眠•夢中自在(附CD) 240
- [ ] 沒有敵者-強化身心免疫力的修鍊法(附CD) 280
- [ ] 夢瑜伽-夢中作主.夢中變身 260
- [ ] 如何培養定力-集中心靈的能量 200

禪生活系列

- [ ] 坐禪的原理與方法-坐禪之道 280
- [ ] 以禪養生-呼吸健康法 200
- [ ] 內觀禪法-生活中的禪道 290
- [ ] 禪宗的傳承與參禪方法-禪的世界 260
- [ ] 禪的開悟境界-禪心與禪機 240
- [ ] 禪宗奇才的千古絕唱-永嘉禪師的頓悟 260
- [ ] 禪師的生死藝術-生死禪 240
- [ ] 禪師的開悟故事-開悟禪 260
- [ ] 女禪師的開悟故事(上)-女人禪 220
- [ ] 女禪師的開悟故事(下)-女人禪 260
- [ ] 以禪療心-十六種禪心療法 260

密乘寶海系列

- [ ] 現觀中脈實相成就-開啟中脈實修秘法 290
- [ ] 智慧成就拙火瑜伽 330
- [ ] 蓮師大圓滿教授講記-藏密寧瑪派最高解脫法門 220
- [ ] 密宗的源流-密法內在傳承的密意 240
- [ ] 恒河大手印-傾瓶之灌的帝洛巴恒河大手印 240
- [ ] 岡波巴大手印-大手印導引顯明本體四瑜伽 390
- [ ] 大白傘蓋佛母-息災護佑行法(附CD) 295
- [ ] 密宗修行要旨-總攝密法的根本要義 430
- [ ] 密宗成佛心要-今生即身成佛的必備書 240
- [ ] 無死 超越生與死的無死瑜伽 200
- [ ] 孔雀明王行法-摧伏毒害煩惱 260
- [ ] 月輪觀•阿字觀-密教觀想法的重要基礎 350
- [ ] 穢積金剛-滅除一切不淨障礙 290
- [ ] 五輪塔觀-密教建立佛身的根本大法 290
- [ ] 密法總持-密意成就金法總集 650
- [ ] 密勒日巴大手印-雪山空谷的歌聲，開啟生命智慧之心 480

其他系列

- [ ] 入佛之門-佛法在現代的應用智慧 350
- [ ] 普賢法身之旅-2004美東弘法紀行 450
- [ ] 神通-佛教神通學大觀 590
- [ ] 認識日本佛教 360
- [ ] 華嚴經的女性成就者 480
- [ ] 準提法彙 200
- [ ] 地藏菩薩本願經與修持法 320
- [ ] 仁波切我有問題-一本關於空的見地、禪修與問答集 240
- [ ] 萬法唯心造-金剛經筆記 230
- [ ] 菩薩商主與卓越企業家 280
- [ ] 禪師的手段 280
- [ ] 覺貓悟語 280

女佛陀系列

- [ ] 七優曇華-明末清初的女性禪師(上) 580
- [ ] 七優曇華-明末清初的女性禪師(下) 400

禪觀寶海系列

- □ 禪觀秘要 1200
- □ 首楞嚴三昧-降伏諸魔的大悲勇健三昧 420

高階禪觀系列

- □ 通明禪禪觀-迅速開啟六種神通的禪法 200
- □ 十種遍一切處禪觀-調練心念出生廣大威力的禪法 280
- □ 四諦十六行禪觀-佛陀初轉法輪的殊勝法門 350
- □ 三三昧禪觀-證入空、無相、無願三解脫門的禪法 260
- □ 大悲如幻三昧禪觀-修行一切菩薩三昧的根本 380
- □ 圓覺經二十五輪三昧禪觀-二十五種如來圓覺境界的禪法 400

蓮花生大士全傳系列

- □ 蓮花王 320
- □ 師子吼聲 320
- □ 桑耶大師 320
- □ 廣大圓滿 320
- □ 無死虹身 320
- □ 蓮花生大士祈請文集 280

光明導引系列

- □ 阿彌陀經臨終光明導引-臨終救度法 350
- □ 送行者之歌(附國台語雙CD) 480

淨土修持法

- □ 蓮花藏淨土與極樂世界 350
- □ 菩薩的淨土 390
- □ 諸佛的淨土 390
- □ 三時繫念佛事今譯 250

佛家經論導讀叢書系列

- □ 雜阿含經導讀-修訂版 450
- □ 異部宗論導讀 240
- □ 大乘成業論導讀 240
- □ 解深密經導讀 320
- □ 阿彌陀經導讀 320
- □ 唯識三十頌導讀-修訂版 520
- □ 唯識二十論導讀 300
- □ 小品般若經論對讀-上 400
- □ 小品般若經論對讀-下 420
- □ 金剛經導讀 220
- □ 心經導讀 160
- □ 中論導讀-上 420
- □ 中論導讀-下 380
- □ 楞伽經導讀 400
- □ 法華經導讀-上 220
- □ 法華經導讀-下 240
- □ 十地經導讀 350
- □ 大般涅槃經導讀-上 280
- □ 大般涅槃經導讀-下 280
- □ 維摩詰經導讀 220
- □ 菩提道次第略論導讀 450
- □ 密續部總建立廣釋 280
- □ 四法寶鬘導讀 200
- □ 因明入正理論導讀-上 240
- □ 因明入正理論導讀-下 200

密法傳承系列

- □ 天法大圓滿掌中佛前行講義中疏 680

幸福地球系列

- □ 幸福是什麼？不丹總理吉美·廷禮國家與個人幸福26講 380

佛教小百科9

《佛教的真言咒語》

編　者　全佛編輯部
執行編輯　蕭婉甄、劉詠沛、吳霈媜
出　版　全佛文化事業有限公司
訂購專線：(02)2913-2199
傳真專線：(02)2913-3693
發行專線：(02)2219-0898
匯款帳號：3199717004240 合作金庫銀行大坪林分行
戶　名：全佛文化事業有限公司
E-mail:buddhall@ms7.hinet.net
http://www.buddhall.com
門　市　新北市新店區民權路95號4樓之1（江陵金融大樓）
門市專線：(02)2219-8189
行銷代理　紅螞蟻圖書有限公司
台北市內湖區舊宗路二段121巷19號（紅螞蟻資訊大樓）
電話：(02)2795-3656
傳真：(02)2795-4100
初　版　二〇〇〇年三月
初版九刷　二〇一七年八月
定　價　新台幣三三〇元
ISBN　978-957-8254-73-2（平裝）

國家圖書館出版品預行編目資料

佛教的真言咒語 / 全佛編輯部主編.
-- 初版. -- 臺北市：全佛文化, 2000 [民89]
面；　公分. -- (佛教小百科系列：9)

ISBN 978-957-8254-73-2(平裝)

1.秘密部
221.96　　89002217

Buddhall

Published by BuddhAll Cultural Enterprise Co.,Ltd.

BuddhAll

BuddhAll.